父母
如何與
子女
談情說理

林蕙瑛◎著

林俐◎圖

一起在生命中
輝映、綿延

幼獅文化公司總編輯◎孫小英

　　二十世紀末，「新新人類」崛起，資訊傳播多方輸送到家，各種價值觀、人生觀、宇宙觀，多元發展增生，「幼獅文化公司」在多年規畫青少年書刊，如《幼獅少年》月刊、「多寶槅」、「智慧文庫」等書系的同時，聯考升學壓力轉換到另一個肩膀，學力測驗仍然沉重得喘不過氣來，九年一貫教育改革已箭在弦上，而推廣閱讀活動又一呼百應，於是製作前瞻性的系列趨勢書「新High少年」，希望「幼獅」在陪伴青少年成長茁壯之後，能夠描摹出未來新世紀的藍圖，締造一座無內無外、無私無我的地球新樂園。

　　緊接著二十一世紀大幕揭開，「e世代」驟然來臨，不同的思考方式、語言表達、視覺影像和閱讀形態，稍不留神，就錯過了兒童蛻變為少年的關鍵期，或者未嘗注意其間的轉換，甚至根本不知不覺不同世代發育中孩子的生理及心理的演化與

掙扎，如何明白他們的青春心事和困惑，雖然網路中有通羅馬的條條大路，都能尋求了解，皆可獲得慰藉；天地之大無遠弗屆，傳道、授業、解惑無所不能，在指尖點選中，幾乎是掌控自如，萬事亨通。然而，科技的神奇與效率，在跨越時空、穿梭物我之際，總未若父母一顆體貼關懷的心、一聲親切平易的問候、一次熱情真誠的擁抱，與一回披肝瀝膽的傾訴。e世代父母面對一個前所未有的世紀，必須蓄積更多能量及資源，否則會被迎面而來的滾滾新世紀大河淹沒。

因此，「幼獅」特別為e世代父母推出「新High親子手記」，是在面臨錯綜複雜的網路世界，基因圖譜重整、即將複製出質純精良的複製人世紀裡，學習成長的系列叢書。裡面記載的或由初始寄生起，或歷經懷抱、提攜，童稚、少年，以至青年的各種境遇與景況，不同角度和心情，故而編排上，同一本書裡，親子或各自表述，對映成趣，相互一笑；或同一主

題，各自成書，咀嚼省思，彼此了然。總之，為親子互動增添共同的頻率及節奏，即使有所差異，高低快慢容有出入，重要的是，能夠交流了解，尊重包容；動人的是，如同花開花落，草木榮枯，陪伴同行，自然可期。

父母是孩子的根本，左右其發展的方向，若走向有誤，父母應自我省察；孩子不斷成長，父母如停滯不前，則不諧和，無論個人或家庭都易生弊端。特別在整個生活形態、價值定位大翻轉之際，很容易偏離軌道，漫遊無邊無際、無上無下的寰宇中，故當「新High少年」欲建立新樂土的時候，有「新High父母」從旁協助除草、耘地，鞏固基礎，由認知、體諒，以致認同、參與，方能一起在生命中輝映、綿延。

讓我們共同高喊一聲「加油」！

杏陵基金會執行長◎ 晏 涵 文

　　從事教育工作多年，我發現，現在雖然有許多人都在談親職教育，好像社會大眾也都能夠認同親職教育的重要性，但所談到的親職教育對象，卻多是以幼兒和青少年居多，並未包括青春後期（約20-30歲）這個階段。這反映出多數家庭的親子溝通是隨著孩子的年齡成長而減少，在彼此的生活行為和心理上，父母與青春後期的子女甚至是呈現了日漸疏離的現象。

　　而事實上，男女兩性的交往，通常是在青春後期到婚前的階段，才比較會被認可，因此就常會聽到有這樣的說法：「大學有三門必修的課程：學業、社團與愛情。」所指的就是在這個年齡層與異性交往的重要性。但學校沒有開戀愛這門課，父母也很少會和子女溝通彼此的價值觀，孩子遇到了感情的問題，多半就是向同儕、同學來請教，當然難以得到正確的解答。

　　每個人的個性、家庭、成長環境、背景等皆不相同，在兩

人決定進入更親密的交往過程當中，勢必都要經過一段的磨合期，而且也不能保證其就會是最後結婚的對象，難免也有人會遭遇到分手的可能性。就像我們常常在社會新聞中看到的，有些人因為不堪分手的打擊而做出傷害自己，甚至對方的行為，就是因為其無法轉換以較正面的態度來看待分手，因而導致的後果。所以，分手是兩性交往必須要學習的重要課題之一。

有許多的專家學者著書討論兩性交往和兩性關係，但卻很少會談到分手這個議題，而就算有，所說的也都是以理論居多，大都是在陳述其從事實務工作的理念，實難獲得讀者的共鳴。

本書作者林蕙瑛，現任東吳大學心理系副教授，具有專業的諮商背景，且時常在報端發表專欄文章，文字精練、深入淺出，向為各界所推崇。此番將其所長的二者融合，著作本書，

以案例呈現的方式，來指出問題的所在，並且透過案例中輔導人員的分析，提出合宜的建議，從而歸納演繹成為一般性的原則，讓讀者從閱讀當中也可以推演到自己的身上，這相當地不容易。

現代社會，兩性的交往相當頻繁，在比青春後期更早的年齡，即已經開始了與異性的交往互動。而愛與感情的互動並不只是單純的知識，它是一種生活的能力，是必須要從生活當中學習而來的。你可能從本書中發現到自己熟悉、相似的情境，從而就學習到了，在遭遇到相似情況時，你可以運用處理。

當然，為人父母者會關心孩子的情感與未來的婚姻是否美滿；而向為朋友所信賴，常有人會向其請教、傾訴情感問題者，以及關心學生的老師與輔導老師，也都應該要看看這本書，可以從中獲益良多。

林蕙瑛教授與我相識多年，對於她在專業方面的認真態度

與表現向來稱許，而對其勤於筆耕更感欽服。此次承蒙幼獅公司邀請，為林蕙瑛老師的新書作序，不僅是為私交，也為可以讓眾多人能因此書而受惠，當然是樂於推薦。寥寥數語，無法盡道全書之精髓，惟讀者一閱，當可明之。

【自序】

◎林蕙瑛

　　我主修諮商心理學，在大學教授「諮商與心理治療的理論與實務」、「婚姻諮商」及「性諮商」，常藉實務與學生們討論性愛、感情、婚姻方面的觀念，純真的學生大都隨著對愛情的憧憬在大學生活中實踐戀愛夢，大多數在性愛方面已有經驗，但是在觀念上都很模糊，行為方面也是聽其自然，很少會再反思內省，檢討行為並作感情的規畫。

　　男女學生互相吸引，逐漸走得近而成為男女朋友，成雙成對走在校園裡，不回避身在公共場所，也不在乎眾人的眼光，兩人親密的神情，熾熱的小動作，自然流露，這種現象在台灣的大學校園內相當普遍。兩情相悅原是值得祝福之事，而且大學時代的戀情是在單純的環境中發生，還未經社會的汙染，照理說，感情應該走得很順暢才對，為什麼還有那麼多情侶在未出校門前就成為怨偶呢？

　　經常有學生因感情問題會走進我的研究室向我傾訴，有瀕

臨分手的,也有已經分手的。當他們的感情被接納,情緒得以抒發後,才能平靜地與老師一起回顧過去的關係,逐漸看清兩人衝突的根源及個性的不合適性。瀕臨分手的,可以選擇是否再做努力,而已分手的則是自我監控情緒與行為,讓生活回到正軌,至少他們有了明確的方向。

在與學生的頻繁接觸中,我注意到幾個現象:

1. 感情衝突或關係結束,雖是雙方之事,通常都只有一個人來找老師談,拖慢了化解衝突或好聚好散的過程。戀愛時兩個人相親相愛,分手時為何不能夠有共識地和平落幕?這當然是當事人需要學習之處。

2. 學生談戀愛,在性方面做而不談,只顧身體的享受,從未有性觀念的交流或性溝通,可謂態度保守、行為開放而自知,一旦關係出

了問題，忍受到極限，才不得不找救兵。

3. 學生談戀愛父母大都不知道，有些女生因父母不允許大學期間交男友，當然不能告知；有些學生不喜歡父母關心或嘮叨，當然也不想讓他們擔心或想太多，以至於父母不了解兒女的感情世界。

4. 學生面臨分手時，很少會先去找父母談，他們擔心父母會放馬後炮，責罵或看法相異、干涉太多。身邊的要好同學會先知道，他們也會想要去找平日較有互動，比較信任及了解的老師談談。

　　這當然不能怪父母！性愛感情本來就是微妙難說且不好教的議題，從小到大父母沒被教過，長大後才開始學習，而後看著自己的小孩長大，一邊想要好好給予家庭性教育，一邊卻不自覺地將自己的性愛、感情、價值觀加諸在孩子身上，而孩子學習性愛感情觀的管道太多了，道聽途說，良莠不齊，照單

全收，以為自己懂得很多，可以過大人的情愛生活了。只有當他們面臨感情問題且嚴重到分手了，才會認真地思考感情的真義與性愛的本質，以及未來的感情規畫，所謂不經一事不長一智。

高中或大學時代的戀愛及兩性人際關係的練習，沒有人能保證持續多久，其實也不必從一而終，兩性關係順暢是需要長久的努力與適應，除了個人的自覺，相互引導及經驗累積外，學校教育與家庭教育是不能中斷的，知識教育及情感教育是終生學習的全人教育。

《父母如何與子女談情說理》以分手為主題，就分手時的掙扎、分手的方式、分手前後的情緒、分手的衝擊，分手後的影響及分手後的因應與調適等階段，以案例方式敘述戀情來龍去脈、衝突原因及發展，以及導致分手的因素，就

每個案例加以分析，引導當事人了解負面情緒的根源，以理性思考代替非理性思考，在生活中作正向調適，並對兩性關係本質與觀念有正確的認識。

有鑑於父母忙於工作，孩子成天在外，父母與成人大學生的親子關係較以往兒童及青少年階段疏離，父母只知孩子就讀某大學主修某科系，對於孩子的性愛感情觀念以及他們在家庭生活之外是如何談戀愛、衝突的原因以及分手的影響與因應似乎不很清楚。這是寫給父母看的，也是寫給大孩子看的書，透過閱讀本書，可以讓父母了解孩子在戀情中可能碰到的困難、掙扎、影響及需求，孩子們也可因此而獲知父母有可以使力之處，不僅可以使孩子感情崎嶇路走得短些，成人親子關係亦可大大提升。

非常感謝幼獅公司的孫總編輯小英小姐，承蒙她的鼓勵與催生，再加上編輯周雅娣經常關切與大力協助，以及幼獅公司

其他成員的心思及作業，《父母如何與子女談情說理》才得以誕生。寫一本書固然要絞盡腦汁，埋首疾書，半年來的時寫時停，幸好有我的學生助理陳建彰幫忙打字，訂正錯字並分享感想，在此也一併致謝。

這是我的第28本書，謹將本書獻給我的父母，已過世10年的父親林衡道教授，及剛完成一本書開始著手第二本書的母親杜淑純女士，感謝他們生我養我，賦予我喜歡寫作的性向，支持我的興趣。爸媽，謝謝您們！

【目錄】

1. 分手真有這麼難嗎？

> 父母如何與子女談情說理 <

戀 情 轉 折

這是相逢四個月以來菲娜與學長第六
次出遊，她總是盼望見面頻繁，雖曾明示
暗示，彼此也常通e-mail，分享生活狀況，
他在這方面卻是久久才邀約，但每次見面都可
以感受到他的情意與開心。今晚學長來接她下班，帶來炸雞、
沙拉及飲料等速食，驅車直往淡水海邊，坐在沙灘上，迎著海
風，望著夕陽餘暉，啃著炸雞，頓時覺得兩個人的心好近。

菲娜含情脈脈地看著俊和，俊和的眼神卻在菲娜的笑容及
遠方地平線之間移動，欲言又止，等到飲料下肚時，才鼓起勇
氣說：「菲娜，我知道你在想什麼，但是我現在沒有辦法。」

「你是說你還跟女朋友在一起？」菲娜低低地說。

「畢業後與你第一次相逢時，我已和珍珠交往，不敢對你
有非分之想，但三年後再相遇時，我和珍珠已經沒什麼感情，
只是習慣性地在一起，知道你沒有固定對象，我就下決心想要
追求我大學時不敢追的夢中情人。」俊和緩緩道出。

「結果你還是選擇跟她在一起？」菲娜睜大眼睛，不可置
信地說。

「不是這樣的，這四個月來我跟她說過很多次，我們不適合在一起，現在就已經看到未來的生活是如此的枯燥，還不如各自分開，尋找自己的幸福。」

「那她怎麼說？」菲娜急切地問。

「她不是掉眼淚就是不說話。有幾次在電梯中感覺呼吸不適，幾乎昏倒，我覺得我有道義照顧她，就留下來陪她，她就認定我對她還有感情，死也不肯分手。菲娜，你知道我的心都在你身上，我絕不是那種一隻腳踏兩條船的男人，你可不可以給我一點時間？」

「我也不喜歡做第三者，而你與珍珠關係由濃轉淡早在你正式邀約我見面之前，為什麼不先去處理你們的關係呢？」菲娜心中失望難過，嘴上卻很理性。

「分手談何容易，她現在天天盯我，處處防我，又主動拜訪我父母，與他們吃飯，我工作這麼忙，實在沒有時間見招拆招，只好隨她去，我想時間久了，她感覺不到我的愛意，必然會知難而退。」

菲娜終於發現事實，也聽到俊和心中的想法，幽幽說道：「分手真的有那麼難嗎？你還是等到分手成功再來找我吧！」

問題呈現

　　此後菲娜拒絕與學長約會，只肯在MSN上對談或收發e-mail，俊和絕口不提女友之事，只是敘述自己對菲娜的思念，而菲娜也不過問，不想給他壓力，言語文字中鼓勵他認真工作，努力追求自己的幸福，心中總是盼望有一天俊和能帶來她想聽的好消息。

　　菲娜也不是沒有其他的追求者，卻一心繫在學長身上，三個月過去後未見動靜，有點賭氣地和異性朋友去Pub跳舞喝酒，勾肩摟腰之際，才發覺要忘掉學長真不容易，回家後寫了一封長信向他訴衷情，第二天晚上，她又上了俊和的車子，兩人上陽明山看夜景。當俊和激情地捧起她的臉時，菲娜突然間清醒過來，巧妙地閃到一邊，正色地說：「分手真的不容易啊！」

分析與輔導

　　「您是不是覺得我很笨，感情的事都不會處理？」針對菲娜給自己的評價，諮商師肯定她來求助的意願及觀念，強調當

局者迷，再理性的人陷入感情都會徬徨、躊躇、不甘心或捨不得，尤其在這個微妙的三角關係中，關鍵人物在於俊和本人，菲娜是很難使上力的。

「你很難決定在感情的叉路上是要分手，還是要繼續與俊和交往，或者靜心癡癡地等待？你不妨就此三個不同的方向或作法說說自己的看法，然後我們再逐一討論利弊得失，好嗎？」諮商師邀請菲娜整理思緒，刺激思考。

「感情上我很想繼續與學長交往，讀書時就滿欣賞他的，做事後相遇兩次頗有緣分；他溫柔體貼，事業也做得不錯，只是他無法與女友分手，我又不願意當第三者，會被大家唾棄的！」

「而我也很想等他，交過四個男孩，最中意的就是學長，只是已經等了七個月都沒有結果，而現在他也不再提與女友分手的情形，如果白等一場豈不是浪費青春又自欺欺人？」

「我也不是沒有想過離開他，將他列為拒絕往來戶，可是我就是忍不住和他通MSN寫e-mail，已成生活的一部分，讀著他的情意與關心，彷彿他是我男友。我是想與他維持網友的關係，但忍不住會有一些憧憬。俊和說不愛他女友，分手應該很容易才對啊，而我是因為喜歡他，分手才很難啊！」

「俊和與女友感情四年，糾纏不清，
也許他有苦衷，即使激情消失，恩情、
友情還在，何況周遭親友家人也都認
定他們是一對，他必然感受極大的壓
力，分手的行為對他來說是第一次，他只
能去嘗試卻無把握會成功，盡力而為，卻苦了自己。他當然喜
歡你，更想多接近你，但已經在社會上做事的成年人，真的很
難像十七、八歲青少年一樣，說走就走，說分就分，因此也苦
了你。」諮商師引導菲娜自俊和的立場為他設想。

「而你嘴裡說不想當第三者，意思是要他趕快與女友分
手，並非希望他能趁分手的危機時，與女友共同處理危機、整
理感情。事實上俊和就是面臨復合與分手的未定狀況，而你卻
把希望寄託在他身上，且認定他將是你男友，自己許多言行相
牴觸，憧憬多於現實面，怎麼可能將他趕出你的生活？分手當
然就不容易了，因此將心比心，你與俊和身陷不同的情況，卻
是面臨相同的困難──無法分手。」

「那我到底該怎麼辦呢？」看清事實的真相後，菲娜感到
惶恐。

「對整件事情有深入了解仔細思考之後，你再回頭考慮我

們原先討論的三個方向，你會有新的想法；當你從生活中的長遠目標來考慮，而不是以俊和為重心，你就會做出合乎自己需求的選擇了。不要急，我們會在往後的晤談中再逐步討論及磋商。」

結　語

在諮商師的支持、鼓勵與引導思考之下，菲娜決定與俊和畫清界線，維持純友誼，自己卻在心中暗忖再等三個月，如果仍無進展，自己也就死心了，但這三個月並非死守著俊和的電話或網路交談，她要擴展生活圈，出去參加活動，過著快樂的單身女郎生活。

一旦做了決定，心裡突然覺得很輕鬆，她突然領悟到原來自己過去是困在「志在必得」的觀念中，一心希望俊和早日離開女友，願望不能達到就感到好痛苦，經常會怪罪俊和的軟弱，而說要分手也是給自己台階下，未能真正為俊和著想，也沒

有為自己而活。感情的事真的不是心想事成，不經一事不長一智，原來自己還是感情幼稚園的學生，要學習的還很多。

建 議

1. 像案例中菲娜的心事，通常都是默默地放在心中，哪敢向父母啟口？她從父母中可以預期到的反應一定是「太傻了，放棄吧！」、「何必硬要介入人家的感情？」，或者「這種男人一定不是好東西！」，父母因為愛女心切就會急著給評斷，而忽視女兒心中的微妙變化。她其實是渴望找人談及需要支持的，她更需要時間來澄清自己到底要什麼，來決定自己該怎麼做。

2. 孩子如果每天花很多時間在MSN或SKYPE等打字聊天或免費網路對談上，他不是沉迷網路，就是有心事或感情困擾，父母親可以找藉口問事情或送水果，先敲門後再進孩子房間，觀察孩子的動靜，等蒐集到足夠的資訊後，再另找時間與孩子談談，打開話匣子，引出他心裡的話。

2. 情人看招
不看刀

＞ 父母如何與子女談情說理 ＜

戀 情 轉 折

「小林，你為什麼不願意接那個人的電話，是你男朋友嗎？」同事張姊常應林萍的要求幫她擋掉來電，有一天忍不住問她。

「林萍，最近外線電話找你的還不少，你外務還滿繁忙的啊？」護理長發出警告的訊息，「當班時只能接緊急來電哦！」

原來林萍為了要躲避陳剛，將手機關閉，騙他說手機掉了，沒想到他一直打到醫院來，昨天還到醫院門口堵她下班，她只好乖乖隨他去附近餐廳用餐並談判，當時好擔心被醫院裡認識的同事碰到。談到近10點也未達成共識，陳剛就因必須回家報到，自己先行離去，留下林萍獨自在座位上發呆。

三年前，林萍有點自卑自己豐滿型的身材，同年齡的男孩都比較欣賞身材苗條的女生，她身旁的同學經常有男生追求或已有男友，自己卻是形單影隻，直到在某卡拉OK場所認識了陳剛，他湊上來一起唱支情歌，兩人配合無間，獲得在場友人們的掌聲，當場

互換手機號碼，過幾天就邀約出遊用餐，林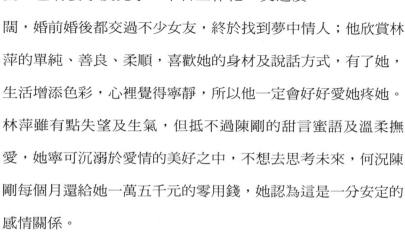
萍感受到三十歲男人的成熟魅力，很快就
陷入情網，進展神速，成為親密愛人。

　　三個月後陳剛才告知，他是做土地買
賣，已有妻子及兒子，平日工作忙，交遊廣
闊，婚前婚後都交過不少女友，終於找到夢中情人；他欣賞林
萍的單純、善良、柔順，喜歡她的身材及說話方式，有了她，
生活增添色彩，心裡覺得寧靜，所以他一定會好好愛她疼她。
林萍雖有點失望及生氣，但抵不過陳剛的甜言蜜語及溫柔撫
愛，她寧可沉溺於愛情的美好之中，不想去思考未來，何況陳
剛每個月還給她一萬五千元的零用錢，她認為這是一分安定的
感情關係。

　　一直到護校畢業進入醫院工作，接觸面廣，常與醫師互
動，與護士同事們及病人聊天，才猛然發現自己原來是所謂的
第三者，而年輕實習醫師與多情病人的追求，她才醒悟到自己
感情關係無法公開的嚴重性與苦衷。她感覺自己比較喜歡與新
認識的異性朋友們出去玩，已經不像以前那樣期盼與陳剛的相
聚及肌膚之親了。

　　陳剛是情場老手，立刻覺察到林萍的改變，要求經常見

面，追問是否另交男友。在林萍不接電話之後忍無可忍，趁她下班時將她逮個正著，面對面談判。

問 題 呈 現

陳剛要求維持親密關係，並且不准交男友，下班後只能和女性朋友出去，且手機得二十四小時開機，而林萍只是囁嚅地求男友離開她，乖乖回到妻子身邊，陳剛當然暴怒，要林萍管好自己不必管他的家務事。

第二次談判時，陳剛氣憤林萍不接手機不回話，且見了面又說月事來臨不肯親熱，撂下狠話，說如果她再耍什麼花招，他就會帶一桶汽油到醫院門口來等她，大家同歸於盡。林萍真的被嚇住了，整夜未眠，縱火可是公共危險罪，自己也不想鬧命案，如果報警，則所有事情都會曝光，那有顏面見父母朋友，醫院也待不下去了；若要乖乖順從他，但自己對他的感覺已不像從前，遲早還是要離開的，可能也是一樣會鬧開，到底要怎麼樣做才能息事寧人呢？不知道有誰可以去求助？

她突然想起醫院社工室的社工師與諮商師常去與病人及家

屬談話，靈機一動，決定第二天下班要去社區諮商中心找人談談，有了求助的方向後，心也就定下來，可以入睡了。

分 析 與 輔 導

「所以，我想分手他不肯，到底該怎麼辦才好？難道我就一輩子跟著他？」林萍滔滔不絕地敘述後丟出主要問題，「而且他還出言威脅！」

「你不接電話，避不見面，他當然惱羞成怒，撂下狠話，因為他覺得你無情無義，他對你不必憐香惜玉，你太不給他面子，他也就豁出去了。」

「可是感情是不能勉強的啊，他這樣做對他自己並無好處啊！」林萍只看到自己的需求。

「就是因為陳剛非常生你的氣，才會說出失去理智的話，其實他有家，有事業，有朋友，他是很看重他的人生的，但是栽在一個小女孩手中，他當然覺得不甘心，因此你得先安撫他，讓他慢慢接受你有自己的人生，不能再做不見天日的情婦了，所以不能急著一刀兩斷。」

「哦！原來是這樣！」林萍逐漸能了解陳剛的心態及作

法，也就沒那麼害怕了。

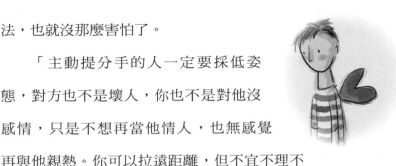

「主動提分手的人一定要採低姿態，對方也不是壞人，你也不是對他沒感情，只是不想再當他情人，也無感覺再與他親熱。你可以拉遠距離，但不宜不理不睬，不妨逐漸轉換關係成為朋友，倘若你對待他的態度他能接受，他的反應就不會那麼激烈與極端，當負面情緒減少時，他才能從你的角度來設想。」諮商師分析與引導思考。

「但是我若接他電話與他見面，他會不會認為我會改變心意？」

「除了感謝他對你的情意與照顧，令你成長外，你不妨強調自己的人生目標，以前當學生時以為念書、交男友就是生活全部，現在出來做事才知道世界之大，以後有機會可能會出國念書，回來當護理長等，讓陳剛看到你的改變與成熟，不再局限於兒女私情，他會了解到你已是翅膀長硬的大鳥。只要你口氣溫和堅定，並言出感激，關心他，也答應他以後以朋友相待，可以偶爾相約用餐，他的憤怒就會慢慢平息，也因為知道你願意繼續與他見面而沒有被拒絕或被拋棄的感覺，這也是他自尊的問題。」

「那我是不是也可以反過來威脅他若不分手，我要去向他太太揭露他的婚外情？難道他不怕東窗事發婚姻破裂？」林萍心存報復地說。

「剛剛不是才說過男性尊嚴嗎？陳剛這種人是不能硬碰硬的，你一威脅他，他為了要保護自己及家庭，就會把你當成忘恩負義的仇人，也許真的會去縱火或使出更凶狠的手段，冤家宜解不宜結，為什麼要火上加油將他激怒呢？別忘了你還是第三者呢！對你自己並無好處啊！」

「說的也是！我以前視他為比我年長十歲的戀人，從未以成年男人的角度來看待他，而我自己現在也是成年的上班族，既然不再與他談戀愛，應以成年人對待朋友的方式相待，我要離開他，他必有失落感，我可以反過來安慰他，支持他轉換關係。」

「對啊！你這樣想就無所懼也不用逃避啊！」諮商師給予鼓勵與再保證。「你願意試試看嗎？」

「也只好這樣囉！我會再回來與您晤談，報告結果，檢討得失！」林萍的認知改變後，心情也就輕鬆多了。

結　語

　　林萍主動打電話給陳剛，約他在一家他們以前沒去過的西餐店見面。說是過去相處愉快受他照顧甚多，現在自己有薪水，想要請他吃牛排大餐，而以前當學生用了他那麼多錢，雖然薪水有一半要寄回家，每個月願意還三千元，附帶一客大餐，所以可以定期見面，敘舊還錢，彼此述說近況，總是希望各人都能過得更好，尤其希望陳剛家庭和樂、生意順利。

　　陳剛一開始當然還是不情願，但談了幾次之後，感覺到林萍態度的轉變不像在演戲，說話真誠實在，是真的感激他陪她一路成長，也正視且珍惜三年的關係，他覺得被尊重、信賴，亦感覺到林萍對他有某種程度的情分，也就是他一直不願承認的友誼，他便漸漸抱著祝福的心情結束了婚外情。

建　議

1. 感情原本無對錯，一對一的戀情若是真心誠意，則進展順利，但若有金錢介入，雖說是兩相情願，必定會增加複雜性。案例中戀愛時每月接受一萬五千元零用金，對林萍而

言，是陳剛對她的疼愛，已經落入傳統性別角色的窠臼，而陳剛則是以金錢代替照顧，買自己的安心，同時也有「付錢就是我的」對女性物化觀念。這些行為的背後認知就是由兩人的家庭教育而來，因此，父母在平日與孩子談話時，金錢不能介入愛情，男女雙方婚前明算帳的觀念要說清楚。

2. 男女因不合而分手，因了解而分開，父母最好不要直接介入，免得傷了被分手者的自尊心，造成創傷，個性激烈者可能會自殺或他殺，甚至遷怒或殺傷對方父母。倒是可以從旁低調協助，鼓勵孩子培養處理感情問題的能力。

3. 我的
麥芽糖女友

戀情轉折

「明明說好只討論兩小時的，怎麼會拖到11點多？你們小組討論怎麼這麼沒效率？你還真認真，把手機關掉，害人家一直等到那麼晚。」之皓想起儀君昨天的抱怨。

「打完球還得跟他們一起吃飯？我實在不想跟你那群球友吃飯，談的都是當年勇，可是不跟你去，你又不知到會跟他們豁到幾點才回家！」這是儀君今天的決定。

「老公啊，下星期六你那個高中同學會可不可以不要去啊！我們班有郊遊，可以帶伴，我要你陪我去，我們好久沒有出去玩一整天了，趕快去通知那個聯絡人說你不能去，或者叫他們改期好了！」這是儀君下星期的期望。

之皓突然覺得自己沒有自由，每天的行程都得預先報備，說了卻又處處受限制，不是規定他要一結束就回家報到，就是一定要跟班，黏在一起。連偶爾與高中好友摸四圈，也被她說成賭棍而禁止了。對於儀君口中的稱呼「老公」，此時特別刺耳。自己不也曾摟她在懷裡叫「老婆」，曾幾何時，那種感覺消失了，只覺得跟她在一起是沉重的壓力，她去上課及打工的時間頓時覺得好輕鬆，可以毫無顧慮地打電話或上網與朋友聊

天。

　　大三下兩人剛交往時，之皓被儀君的嬌小玲瓏及伶俐口才所吸引，經常守候在她教室門口，被她同學發現後大夥兒起鬨，很快地就被「送做堆」了。在學校餐廳及圖書館均出雙入對，而兩人租房之處相距也近，之皓乃天天以摩托車接送上學及出遊。四個月後的某夜晚，大雨滂沱，之皓乃留儀君在他小套房的住處過夜。就在那一夜，兩人都獻出了第一次，感覺深刻，意義重大，有如身心相許，此後私下就以老公老婆相稱。

　　身體的親密愈來愈頻繁，儀君表面上仍與女室友同租一室，大部分的時間都在之皓的小套房中度過，儼然小夫妻般的生活。此後她就開始充分掌握之皓的每日行程，男生的聚會及系上分組討論她不會跟去，但以手機遙控，有女生在場的活動，她必看得緊緊的。之皓有時覺得煩，請求她回自己住處住幾天，儀君就生氣而哭泣，指責之皓不重視她，不再愛她了，之皓只好加以安慰，於是床頭吵床尾和的戲碼就不斷的上演，之皓也就被同學戲稱PTT協會會長。

　　日子就在三天一小吵，五天發脾氣中

過去，儀君依然沉浸於她認為的穩定男女關係之中，對她而言，有性愛就如同夫妻生活，將來有論婚嫁的展望，但之皓的感覺是，兩人只剩下身體的糾纏與接合，毫無心靈的交流與未來的期待了。

問 題 呈 現

大四上學期快結束時，之皓對回南部父母家產生前所未有的盼望，他才發現自己原來是想逃避儀君，想要耳根清靜地在家做自己，做爸媽的兒子，就是不想當儀君的男友，但是如何擺脫儀君呢？

左思右想，知道自己抵不過儀君的發脾氣、哭泣及撲在他身上緊抱的三部曲，又怕被同學們認為始亂終棄，煩惱極了，儀君很快地看出他的魂不守舍，他只能以功課繁忙來搪塞。

期末考前一周，他來到了學校的學生諮商中心，丟給諮商師的問題是「我想跟女朋友提分手，若現在一刀兩斷，她可能會如晴天霹靂，期末考大概會滿江紅；或者等到四下畢業時當兵前再提分手，反正畢業後就不必相見了，不知老師您認為那一個時機較妥當？分手比較容易成功，對她的傷害也會少一

些？」

　　感情的難題絕不是一問一答就可以解決的，諮商師就邀約之皓在期末考前後期間作四次密集式的諮商，共同討論分手的重要議題。

分 析 與 輔 導

　　諮商師先要之皓審視他與儀君感情發展的始末，以及檢討自己情濃轉淡的原因，以確定他知道自己在做什麼。之皓振振有辭地說，「她個子瘦小，不是我媽喜歡的那一型，我父母一定不會接納她的。」、「我的朋友們都認為她配不上我，說我可以找到比她更好的女孩。」、「儀君脾氣不好又很沒安全感，一天到晚跟我吵吵鬧鬧的，我真的受不了了。」

　　「你是給自己分手的意念及行為合理化，還是要以這些理由說服儀君離開你？你認為行得通嗎？」諮商師引導他思考。

　　「我也不知道，她不接受我也沒辦法，到時候只好閃人了。」他很無奈。

「那你還來談什麼？其實你來作諮商，就是想幫助自己及儀君，如何能好聚好散，理性分手，所以你要用心思考，最重要的是不能口出惡言，貶低對方，才能減低她受傷的感覺，何況當初追她愛她也是你自己的衝動與行動，並未參考父母及朋友的意見，現在當然不能以這些理由來搪塞。」

　　「唉，我當初可能太寂寞了，看幾個朋友身邊都有女友，而平日與儀君聊得還滿開心的，所以就鬼迷心竅地與她成為男女朋友，誰知道她後來變得如此跋扈又愛生氣，真令人受不了。」

　　「你看你還是在責怪儀君！兩個人都是第一次談戀愛，生活上、感情上都得互相適應，其實你倆的性別角色及性愛感情觀都有很大的差距，平常很少有觀念的交流，除了追求性愛的歡愉外，就是一起過學生生活，忙著功課及玩樂，並未注意到成長的步調及方向，時間一久，當性愛已成習慣時，兩人個性的差異就凸顯而出，又不懂得去磨合。在大小衝突中，她是要求者，你是順從者，久了就感覺到關係中的權力不平等，你的需求在順應她時被封殺，你有窒息感，想要掙脫此感情枷鎖，原本還算甜蜜的負

擔現在成了揮不去的噩夢！」

「對，對，對！我就是有這種感覺！愈來愈覺得無法跟她在一起生活，這是不是常言所謂因了解而分開？」

「可以這麼說！所以你就不要歸罪於儀君啊！人家也是真心誠意地愛你，只是她誤以為性就是愛情的保證，有了親密行為，男女之間就沒有距離。事實上即使親如夫妻，還是要尊重對方，保持適當距離，維持人際禮儀，兩人才有空間及心情去看到差異，調整歧見，提升感情。」

「所以我可以告訴儀君，『雖然我們曾經相愛過，但經過一段時間相處，我們有許多差異，雙方並未努力調適，你吵我煩，我很想逃避這分感情。你是好女孩，我這樣做對你是有點不公平，但是我若繼續與你在一起則是勉強我自己的感情，所以我想拜託你，我們分手好不好？』這樣說妥當嗎？」之皓有所領悟，學習如何去與儀君對話。

「不錯不錯，很有改進。至少能面對現實，懂得尊重對方，開誠布公，老實以對。想要分手並不是說幾句好話就能達到目的，當初你能不斷表達情意，使她相信你，現在你也得要有耐心

地讓她看到彼此個性上的不合與生活上的不協調。她雖情感上不肯分手，理智上也只好慢慢地接受。因此你還得多多學習說話的技巧，好好與儀君溝通，不要說斷就斷，若能自情侶轉變為朋友最好，切忌翻臉成仇，傷人不利己。」諮商師鼓勵並引導，「還有一件最重要之事，停止性關係，不要再誤導她了。」

結　語

　　之皓考慮良久，還是決定要分手，經過晤談後有諮商師的教導與支持，他心中篤定多了，期末考期間之皓與儀君一起在圖書館念到關門時間，他以功課太重為由送儀君回她住處，自己回小套房睡覺。因有考試壓力，儀君也沒有吵著要跟他回去。考完試當天，之皓請儀君去吃牛排大餐後，就說家裡有事得搭夜車回南部而離去了。

　　回到台南後，他徹夜寫了一封長達九頁的分手信，文情並茂，並在MSN對談時先透露心聲，接連三個晚上幾乎都沒睡，一下子上MSN、一下子講電話，他耐著性子費盡口舌向儀君解

釋，不斷地安撫她，保證不是因第三者而分手，但求回到自己從前的生活，且再三低聲下氣請她原諒，祝福她早日交到一個比自己更適合她的男友。

與之皓多次懇談後，儀君了解到不是她不夠好才被之皓甩掉，而是兩人都不夠成熟，並沒有在關係中學習如何令對方快樂，她對之皓並無恨意，感受到他在兩人關係中的疲憊，決定讓他離去。

開學後當他們在校園再見到時，有點尷尬，但是之皓坦然的打招呼及問候，儀君感到被尊重與接納，雖是有點交集，反應卻很正常，有如普通朋友，兩人都放下心裡石頭，「還好沒有想像的那麼尷尬！」

建　議

1. 孩子念大學，離家在外租屋而住，生活有空間有自由，男女學生很容易在沒有顧忌且身心衝動下產生性行為，乃至同宿一屋而成半同居狀態，父母不能光等孩子放假回家探望，有時父母也可分別或結伴來探視孩子，一起出去用餐。不是要去防範或阻止，而是自然而然地提醒他們，無論做什麼事，

都要想到家中父母，他們的教誨及期望，也可以順便知悉孩子是否交了異性朋友，認識認識也不妨。

2. 父母若發現孩子在與異性熱戀，不必緊張或大驚小怪，而是以平常心，輕鬆的口氣說，「孩子，你長大了，有自己的感情生活，只要你真的快樂，老爸老媽也就放心。想找人說話時，別忘了找你爸或你媽，隨傳隨到！」孩子在有困難時就會想起父母的邀請。

4. 分分合合

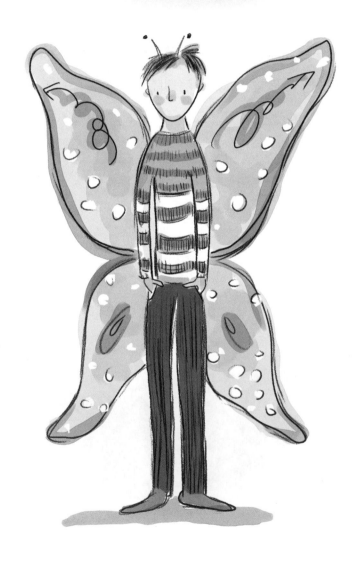

戀 情 轉 折

明玲從英國遊學回來之後，迫不及待地與大志通電話，急著告訴他去遊覽英格蘭及威爾斯大小城鎮的見聞，大志聆聽了半小時，就說：「你玩得開心就好，你先休息幾天，周末我們就要去台東玩了，沿途你再慢慢說給我聽！我累了，想早點睡，晚安！」

因為開學在即，系上幾位要好同學相約去台東度假泡溫泉，大夥人興高采烈地搭機抵達台東，住宿於知本溫泉附近的民宿。吃過晚飯大家在庭院聊天時，大志手機響起，他走進屋內談了約二十分鐘才出來，說是媽媽打來的，家裡有點事。眾人不疑有他，只有明玲覺得怪怪的，才離開台北13小時，大志就接到四通簡訊，及講了一通很長時間的電話，平時他和媽媽講話很少超過5分鐘的。

大志去洗澡時，明玲忍不住偷看他手機來電，第一次做侵犯他人隱私的事情，她很擔心大志會不高興，但又必須解開自己的疑惑，所以把心一橫，仔細查看。果然有女生發簡訊給他，說些想念的話語。明玲就回撥電話號碼，聽到女生在電話那一頭說道，「大志！大志！你現在可以聊天了嗎？」，她立

刻將手機關掉。等大志出來，明玲就興師問罪，大志說只是普通朋友，出去過幾次，原來早在明玲去遊學之前，女生就向大志示好，這表示他們交往已超過五個星期以上了。

明玲眼淚奪眶而出，直罵大志是大騙子，她出國的前一天，兩人坐在家中客廳，整夜相陪，聊到天亮，依依不捨，連媽媽都覺得大志用情很深，然後每天發一則簡訊訴說思念，其實是趁她人在國外，與外校的學妹發展男女戀情。

「你到底是喜歡她，還是喜歡我？」明玲氣急敗壞地問。

「……」大志低頭不語。

「你說啊！你說啊！」明玲火了。

「……我不知道！」大志擠出四個字。

明玲永遠無法忘記那個場面。她拿起背包及皮包，衝出房門，走出民宿，一邊哭、一邊跑到附近不遠的民宿櫃檯，請老闆替她打電話叫計程車，老闆說太晚已無班機回台北，好心勸她住一夜，算她半價，第二天一早會安排她搭早班飛機回台北。明玲很驚訝大志居然沒有追出來，也沒有通知其他人，不顧她的安危，一定是在與新女友講手機安撫她，她告訴自己，這種男人不要也罷，反正也哭累了，大睡一覺吧！

回到台北哭倒在媽媽懷裡，她才將手機打開，看到同行朋

友關心她的簡訊，以及大志要求彼此冷靜一陣子的簡訊。媽媽不斷地同理明玲，要她說出心中的感覺，哭出委屈，柔聲細語說：「大志這孩子不知道自己在做什麼，都憑感覺行事，不太能面對問題，而你又太認真、太信任男友，這樣的組合是有點危險。你現在決定怎麼做呢？」

「他已經失掉我的信任了，我沒辦法再與他交往，昨晚就決定說再見了。」明玲很堅決地說，媽媽知道明玲的個性，就沒再說話了。

問題呈現

四個月後，大志出現在捷運站，嚇了明玲一跳，他居然是來要求復合，請求原諒並給予機會重新來起，明玲推說需要時間想想，沒有隨他去咖啡廳聊聊，她讀了大志的e-mail，意思是以前不懂得珍惜，有比較之後才發現明玲是好女孩，成熟、善良、有教養、有內涵，才是適合的對象，請明玲看在過去交往一年多的感情基礎上，兩人恢復交往，共度大學最後一年的生活，也許還可以一起走向未來的人生。

四個月的療傷期，明玲盡量不去回想過去兩人在一起的美好時光，一再告訴自己大志的缺點，例如：沒替她著想，隱瞞、畏罪、不成熟，沉默不語等等，也就較容易釋懷，只是現在大志又來表態，帶回從前的回憶，過去對他的美好感覺一點一點地浮現，雖然不是初戀，卻也後無來者，是不是該給他一個機會，看看他是否轉得成熟些，懂得真心愛自己喜歡的女孩？

　　明玲想了很久，雖是傾向於拒絕，卻又心猿意馬，有點心軟，想到一個大男孩在要求復合時身段可以放低到這般地步，於心不忍，但自己對他的感覺已不如前，可是給他一個機會不就等於給自己一個機會嗎？明玲已經徘徊在要與不要之間兩個星期了。

分 析 與 輔 導

　　爸爸根本不希望明玲在大學交男朋友，當他獲知明玲與大志分手時，大大稱讚女兒的果斷，並說事情愈簡單愈好。因此明玲知道只有母親懂她，也不會罵她，乃跑去與她討論此重要

議題。

　　媽媽拋出一個問題：「你對愛情的定義為何？」

　　「兩個人彼此相愛同心協力過生活，不欺騙、不打罵，且同步成長。」

　　「還不錯，有說出來的都正確，但愛情實在是又玄妙又務實，定義依個人價值觀而有所不同，最重要的是兩人能投契且互相配合，就是所謂的合適性，你覺得你和大志的合適性如何？」媽媽引導明玲深入思考。

　　「我也曾想過這點，以前我們交往時，我比較生活在自己對愛情的憧憬中，只要大志順我，我就認為他愛我，而他因為很會玩，所到之處都很有趣，我感到他在豐富我的生活，現在想起來只是兩個個性特質不同的男女對彼此好奇，試圖進入對方的生活，享受差異點及新鮮感，但因為專注在彼此身上，有男女朋友的感覺，卻不夠深入。」明玲侃侃而談。

　　「我的女兒真的長大了，能回首看過去，分析得如此透徹，媽媽真高興你們的交往是兩性人際關係的練習，練習得好就打下感情基礎，但還得經過社會上及人生各階段的歷練及考驗，學生時代的交往比較單純，是不是愛情還很難說，其實大志也不能確定你一定就是他將來的對象，只是經過與外系學妹

的頻繁互動後，他覺得學妹並不是他所喜歡的類型，跟你在一起較習慣、較自在，而且他也知道自己愧對於你，想找機會來彌補，也令自己心安。」

「有時我也搞不清楚，自己是受到傷害才對他感情漸消，還是本來就對他沒有愛情，一時迷戀而已，自從他要求復合後，倒是給了我一個自我檢視的機會，理智告訴我，人非聖賢孰能無過，他都道歉了，而且說了那麼多好話，應該給他一個機會，但是心裡就沒有以前那種想與他見面聊天的衝動了，除了不信任他以外，熱情消失了。」

「這當然也是這陣子以來，你對大志的重新評估。以前，你看他只看到你想看的那一、兩面，現在你看到他的多面，而你對自己也有較多的了解，所以你有能力做出對你有益的正確選擇。」媽媽鼓勵及再保證。

「媽，如果我不願復合，會不會太不近人情？大志一定很失望，他恐怕會受傷吧！」明玲有點擔心。

「孩子，你說知過能改，心裡早就原諒他了，現在還一心為他著想，他可曾替你著想？他要復合是因為他自己想復合，而愛情是需要兩個人都有相同的感覺，只要有一點猶豫或勉強，就不要急著投入，免得自欺欺人，傷人不利己，何況媽媽

聽你的口氣，你已無意願復合，但你並不恨他，甚至想和他作朋友。」

「我是有這麼想，但不知他的接受度如何？」

「試試看吧！這也是不能勉強的。」媽媽既鼓勵又提醒。

結　語

明玲寫了一封長信給大志，訴說自己心境的轉變及當初被大志消極分手的心路歷程，述說大志劈腿事件，及事後處理不佳對她的傷害，及自己跌倒後重新站起來的經過，感謝大志帶給她酸甜苦辣，也讓她成長，自己已經不是當年的明玲學妹了，此後感情之路將各奔東西，但同校同系之誼的基礎永遠存

在，彼此還是可以成為朋友，在社會上互相扶持。等大志讀了信之後，再約他出來見面喝咖啡，為男女朋友的關係畫上永遠的句點，卻是友誼的展開儀式。

建 議

1. 有多少媽媽能夠像案例中的媽媽一樣，能與女兒做如此交心
   的談話及深入的溝通？那是因為母女平日互動緊密感情好，
   母親經常將自己的感覺與女兒分享，女兒也就很自然地會與
   母親分享自己的心事，因此當明玲在愛情十字路口時，她願
   意去找能懂她心的母親談，只要肯學習以正確的方式，開放
   的態度與子女溝通，母女或母子的距離會很容易拉近的，因
   為孩子會感覺到也看到媽媽的改變。

2. 沒有人規定母親才能幫女兒，父親說話兒子才能懂，或者兒
   子找父親（男人跟男人的對話），女兒找母親（女人與女人
   的悄悄話）才能說得通，父母一起來關心子女的感情問題，
   甚至邀請家庭中其他子女加入，只能情緒支持或貢獻意見，
   不作人身攻擊或武斷指責。

5. 二度分手
沒自信

戀 情 轉 折

立智這幾個月來與亦薏常有爭執，法律系的功課愈來愈忙，能陪她的時間得自夾縫中擠出來，非常珍惜彼此相處的時間，且急著約定下次見面的時間，而亦薏不是抱怨立智不陪她，就是喋喋不休地述說英文系的種種活動她很想去，有幾個學長常找她聊天等等，立智愈來愈覺得沒有安全感，晚上在MSN線上的對談也就頻繁且超過一小時，只是談話的內容不如以往親密，互相指責及辯解的對話幾乎占了一半。

上周末晚上，亦薏來到立智住處，兩人去菜場買蝦、買魚，並切了一盤滷菜，回家又炒了一盤青菜，愉快地吃了一頓豐盛晚餐，立智搶著洗碗善後，亦薏則說滿身汗臭及油煙味，想洗個澡。女生洗澡本來就比較慢，立智洗完碗閒著沒事，拿起亦薏的手機把玩，進入已接來電區域，突然發現有一組號碼每天出現好幾次，他立刻按進已撥電話的區域，果然看到亦薏經常撥出的竟是相同的號碼，心裡一急，拿起亦薏的皮包，東翻西找，想要看看有無其他新發現，不慎將裡面小雜物弄翻一地。

正急忙撿拾時，亦薏自浴室走出，看到此情景，不能相信

她的眼睛，「你翻我皮包做什麼？」

「你問問你自己，做了什麼事，若要人不知，除非己莫為！」立智反加指責。

「我做了什麼？你別先聲奪人，我明明看到你在翻我皮包！」

「原來你背著我交男友，怪不得一天到晚參加活動且電話打來打去的！」立智酸溜溜地說。

「好啊！你偷看我的手機，偵伺我行徑，還偷查我皮包，我憑什麼要被你如此對待？」亦薏非常生氣，聲音高亢。

「夜路走多了總會碰到鬼的，我總算看清你的真面目了！」立智也不甘示弱地提高嗓音。

「我才是看清你的真面目呢！太好了，我們也不必再見面了，再見！」亦薏提著皮包氣沖沖地奪門而出，立智就眼睜睜地看著她自眼前消失，心中有

點悵然，但又想到她與別的男生交往，就怒火中燒，蓋過對她的不捨。

兩個月很快就過去，立智打

了無數次電話給亦薏，她不是口氣不好就是不肯接聽，去等過她兩次，居然碰見高個子學長與她談笑風生，他才感覺自己真的被「休」了。好一陣子心中沮喪，面色不佳，母親以為他生病了，他正好以感冒來搪塞，在學校除了勉強參加小組功課討論外，盡量獨來獨往，不想與人說話。

　　一人獨處的時間愈多，兩年前與晶華交往及分手的過程經常浮現。當年兩人在高四補習班認識，因討論課業講義而相熟，互相支持鼓勵，上課聽講，課後溫書，逐漸發展成男女朋友。放榜後分別考上台北市內不同大學，還與補習班其他兩對上榜的男女朋友一起開車去環島慶功，留下美好的回憶。

　　大一上學期還沒過完，晶華經常推說功課忙且社團活動多，見面次數及通電話的時間均縮減，有一天傳了簡訊說不想再當男女朋友，雙方還是做普通朋友，立智才知道她接受了社團社長的追求，捨遠就近了。他覺得很沒面子，淚水往肚裡吞，同學們反正很少見到晶華，他可以不必說，而父母覺得奇怪好久沒見到晶華來家裡玩，他只是輕描淡寫地說，「吹了！」

於是立智下定決心，一定要交同校女友，就近看管，他欣賞亦薏甜美的笑容及飄逸的長髮，而亦薏則很崇拜法律系的高材生，兩人很快地認定彼此為男女朋友。立智盡可能地陪著亦薏參加她系上及社團活動，表明男友身分，以杜絕他人追求之念頭，他也常念亦薏外務太多，要求多一些兩人相處的時間，只是沒想到自己課業愈來愈繁重，無法對亦薏亦步亦趨。他總是要亦薏描述她去參加活動的經過，與哪些人有互動，亦薏嫌他管太多而開始有爭執，沒想到兩個多月後就因偷翻皮包事件導致分手。

問 題 呈 現

分手已四個月，立智本來是很氣亦薏，覺得女生都一樣不可靠，不懂得珍惜感情，也很不了解為何女生有了男友還這麼喜歡參加活動，難道一個男友還不滿足嗎？他因為面子問題，怕吃閉門羹，不敢常去找亦薏，大都一個人在家胡思亂想。漸漸地，他覺得自己不夠好，才會兩度被女生拋棄，光是功課好有什麼用，缺乏個人吸引力及沒有足夠時間陪女友是自己的致

命傷，愈想愈沮喪，想起過去與兩任女友剛開始的美好時光以及被迫分手時的慘痛打擊，他就一陣心痛，那種被拒絕及失落感令他徬徨，孤單、自憐、空虛及憂鬱的情緒愈來愈高漲。

立智對自己產生前所未有的厭惡，不斷地自問，「我為什麼不夠好？」、「我是不是沒有女人緣，不適合交女友？」、「可是我是很想有個伴啊！」、「我是真的不了解女生，也不知該如何去了解女生？」、「誰又能了解我呢？」⋯⋯。

有一天晚上立智與同學文彬在圖書館查資料，突然臉色大變，跑回書桌，倉皇收拾書本，拿了背包就衝出圖書館，文彬才發現立智受不了亦蕙挽著新男友的手臂走進參考室的景象，這才了解到他還陷在分手後的痛苦漩渦中，於是整晚陪著他，苦勸他去找有輔導背景的導師談談。

分析與輔導

林老師拿面紙給說到哽咽的立智，並說：「誰說男兒有淚不輕彈？將你心中的苦楚哭出來會覺得輕鬆些的！」

「老師，我真的很丟人，兩個女孩都嫌我不夠好而離開我，我不敢再交第三個女朋友了！」立智說出對自己的評價。

「立智，晶華及亦薏有親口對你說你不夠好嗎？」

「有沒有說有那麼重要嗎？她們先後離開我不就說明了事實？」

「誰說兩個人一定要永遠在一起？如果當初晶華沒有離開你，你會去追求亦薏嗎？現在你又無伴一身輕，又可以認識新的女孩了。男女必得經過交往才能知道彼此是否合適，你與晶華是補習班的革命伙伴，有共同目標，同心奮鬥，互動緊密，其實友情多於戀情而不自知，等到考取大學進入各自的新環境中有各人的生活圈，革命情誼也就逐漸成為過去式了，但對你對她卻是發展日後兩性人際關系的良好基礎。」林老師分析。

「是嗎？她見異思遷，我則被迫片面分手，哪來的良好基礎？」

「老師不是說過，友情大於戀情，而晶華認為社團的社長是她在大學生活中願意嘗試交往的對象，所以她捨你而就他，只是她的分手方式並不高明，不願面對，交代不清，以致你莫名其妙地出局，自卑感油然而生，其實你還是原來那個可愛的男生，你的優良本質並沒有因為晶華離開你而減損半分。」老師耐心地解釋。

「如果我很好，亦薏為什麼會離開我？她也是背著我偷交

男友啊！」

「立智，旁觀者清！你和亦薏本來就不適合，當初你被她的笑容吸引，她想交法律系高材生，但交往之後，她的外向你駕馭不住，你的緊迫盯人她不喜歡，只有兩人相處時才感受到彼此的情意，但男女關係並不止於兩人世界，是必須在生活中通過各種考驗的，幾個月交往下來，亦薏對你的抱怨增多，你愈缺乏安全感，因疑慮與不安而做了偷看手機搜查皮包的侵犯隱私行為，惹毛了亦薏，心寒之餘，決定分手，其實冰凍三尺非一日之寒，現在不分，以後也會說再見的！」

「這麼說，都是我的錯囉，所以我就是很差勁囉！」立智的自貶觀念根深柢固。

「感情之事，尤其是年輕人，都因欠缺經驗而常常處理不

當，亦薏只知抱怨而不會溝通，執意要參加各種活動而不顧你的感受，雖不是錯，都是非建設性的作法，而你侵犯隱私的行為則是關係的致命傷，因此在感情學習的階段中，每

一個人都有可能出錯，這與自我概念不能畫上等號的！」

「老師，您是說感情是可以學習，而行為是可以經引導而修正的？」立智茅塞頓開。

「對了，孩子，你看看你這幾個月來封閉自己，不肯向人訴苦，一味鑽牛角尖，負面自我概念不斷入侵，武斷歸咎分手是自己不夠好，也就越陷入憂鬱及低自信的惡劣心情中，經常失眠無食欲，你在情緒、認知、行為及生理方面都受到影響，長此以往，你會患憂鬱症的，但你肯向老師傾訴並對話，就表示你想幫助自己跳脫苦海，老師當然很願意陪伴你走過這段歷程。」

「老師，您真的願意伴我、幫我？」立智眼睛一亮。

「老師希望你找回自信，學習兩性人際關係，找尋快樂，以後我們每周晤談一小時，進行認知重建，先從你的非理性思考著手，然後再檢視你的性愛、感情、婚姻觀。」

結 語

林老師的分析點醒當局者之迷，立智
才明白男女交往並無模式可言，更不能
因噎廢食。他一直以為晶華離開他是因
他比社團社長差及空間距離，後來又以為
與亦薏相伴相隨並掌握其行蹤是維持關係的要
訣，卻忽略了男女雙方互動的品質，且當他認定為女友時，他
就以為對方永遠是女友，沒有為對方設想並給予很多的個人空
間，感情出了問題不是怨對方就是怪自己，弄得信心全無，人
生灰色。

經過八個星期的晤談，立智了解到自己在分手後並未做任
何調適，放任自己於各種負面情緒中，戀情已逝，女朋友反正
不會再回來了，再折磨自己只會使自己消沉，功課退步，家人
也會失望。他的負面自動化思考逐日消失，聽從林老師的話，
將過去的男女之誼看成是學習經驗，他告訴自己，「我曾交過
兩個女朋友，她們都是我人生中的老師，因為她們，我下一個
感情關係會走得更順暢！」

1. 孩子長大了，開始社交，往往缺乏自信心，父母自小就要教孩子與男女老少打招呼應對，成人後不妨多稱讚他們個性上的優點及生活中的長處，最好不要嘮叨「功課不好」、「好吃懶做」、「一無是處」等。一個在家中不被肯定的孩子必然會自男女關係中去尋求肯定，一旦感情出了問題或關係解組，他的自信心瓦解，打擊必很大，以後也不容易再建立親密關係。

2. 大學生的戀情不分長短，常因許多內、外在因素而分手，雙方當事人都不會開心的，父母即使原本不贊成戀情，也不能幸災樂禍或火上加油，免得更刺激孩子，降低其自尊與自信，即使不說話，默默地陪他看電視或呆坐著，也比說不恰當的話對他有助益。

6. 一念之間

戀情轉折

力生真怕看到佳玲的臉色，寧可留在圖書館與同學一起念書，也不想早點回去自己溫暖的窩，想必佳玲早已等在那兒，生氣他怎麼還不回去。他一再告訴佳玲，感情雖好，但各人功課要顧好，兩人不同系不同級，各有作業要做，一起念書無法討論且會分心，但佳玲卻執意要在家裡相伴共讀，結果兩人均不能達到預期進度。佳玲抱著可以混過就好的態度，愛情才是生活重心，而力生則是前途重要，功課不能落後，愛情與功課本來可以不必衝突，只因佳玲愛管他，易生氣，他愈來愈覺得兩者難以兼顧。

力生也不是沒有試著在家認真念書，對於佳玲的問話聽若無聞，她就開始生氣，在耳邊嘮叨，只好陪她聊天或一起看電視。有時力生在圖書館念累了，回家打開電腦玩遊戲想要放鬆自己，佳玲又開始不高興，認為在力生眼中網路遊戲比她重要。另外，力生每周三的小組討論及周四傍晚的籃球練習經常會晚歸，佳玲買了便當在他住處等了很久，總是氣呼呼地自己先把便當吃光，然後臭著臉面對滿身大汗急跑回家的力生。

佳玲平日非常可愛，溫柔體貼，原本是社團成員，當初愛

上她就是因為她注意到他經常沒時間吃中餐。大二時因幫弟弟還卡債，力生除了兼家教還在系上工讀，有時也接教授做研究時的謄錄音稿短工，還要趕去上課，經常餓著肚子或啃饅頭，大學新鮮人佳玲本著同學情誼，每星期二、四中午總會帶一個便當到系辦公室，丟了就走。力生吃在嘴裡甜在心裡，開始在MSN上做深度交談，然後她就成了力生租處的常客，也就經常留下來過夜了。

保守的佳玲認定有了性關係就等於海誓山盟，不可離棄，她開始管東管西，吃飯要定時，生活有規律，不許晚歸，要盡量出雙入對，而且規定他穿什麼衣服。兩人在夜晚盡情享受性愛的愉悅，白天卻免不了有作息上及觀念方面的衝突。在她的催促之下，力生曾帶佳玲回台中家裡，她儼然是未來媳婦，但力生母親卻認為她太小家子氣，沒笑容。

佳玲的父母則完全不知曉她有男友且呈半同居狀態，因她們家教極嚴，大學畢業前不准交男友，佳玲準備畢業時再稟告雙親，不論他們贊成與否，她是非力生不嫁，也因如此，力生感到無比壓力，自己學業未成，工作無著落，個人生活都無以維持，那能想到結婚？何況他還想出國念書呢！

問題呈現

當一人獨處時，力生就開始思考，「她到底適不適合我呢？」跟佳玲在一起有很溫馨快樂的時光，尤其是夜裡的床頭相伴及兩情繾綣，的確美好，但是她在生活上的跋扈，對感情婚姻的保守固執，自己還沒有結婚就已經掉入河東獅吼的情境中，又不能為外人知曉，苦在心裡，有如大石壓心。

「前一任女友嘲笑我，『怎麼所追的妞兒一個比一個不漂亮？』她認為佳玲長相平凡，惟獨力生情人眼裡出西施，是的，她是不夠漂亮！還有，媽媽說佳玲沒福相，可能沒有幫夫運，反正媽媽也不喜歡她，還是早日與她分手算了，我就可以無牽掛地追求我的未來！」力生心裡是這麼想著。

「只是，我要怎麼和她分手呢？」這是力生眼前的大問題。

分析與輔導

「如何說分手之前，你還有另外一個問題要尋找答案，不是『她到底適不適合我？』，而是『我倆是否合適？』，關係中的主體是你與她，親密相處時兩個人都很開心，但碰到價值觀及生活作息衝突時，不但各人堅持己見，還形成口舌之戰，情緒高漲或壓抑，不良互動也是由兩人造成的，不能將責任全推到佳玲一人身上。」輔導老師先指出力生思考上的謬誤。

「你倆在人生的某一個時間點上遇到，在好奇、互相感興趣及你感激的吸引之下展開一段戀情，剛開始是不斷地接納與包容，形成男女情侶之後，因為太親密了，彼此之間未有人際距離及個人空間，再加上性愛、感情、婚姻觀的差異，衝突滋生，她是攻的一方，你是守的一方，除了功課緊迫外，忙於安撫及穩定女友心，且急於求和，你看不見也沒有心思去與她溝通歧見，更別說溫和地指出她非理性思考，而以耐心來引導她進入正確的性愛感情觀，並互相討論，潛移默化。」

「是啊，老師，我總覺得自己無力改變她，只能隨她去，但有時她真的不可理喻或管束過分，我就和她吵起來。」力生感嘆不已。

「是無力改變還是不想改變？」

「沒有想過欸！」力生老實說。

「你當然不能改變佳玲，就如同佳玲無法改變你一樣，但是你們可以培養化解衝突的能力。你倆之所以演變至今就是因為各有個性及想法，從未經溝通來聆聽，找機會來引導，只是讓歧見繼續滋長，然後吵架又翻舊帳，互相指責，才會形成一而再現的不良互動模式，從來都不知道如何培養化解衝突的能力，自然無法針對關係的展望產生共識，你今天不提分手，關係遲早也是走不下去的！」

「老師，我知道了，我們吵吵鬧鬧的關係，有一半責任在我身上，因此我的問題應是『我想是否適合在一起？』，但是我還是不知道答案。」力生仍感苦惱。

「老師很高興你看清楚了關係中的責任問題，不需要以前女友及母親的意見

來當藉口。至於合適與否，在現階段你倆在觀念及作法上有許多差異，看起來並不合適，這並不表示你們就真的不合適。相處了一年多總有感情，如果想到對方的優點，仍有心動的感覺，滿心歡喜，則表示這生了病的關係仍有好轉的可能。你今天來作諮商你是主訴求者，不妨重新考慮問問自己的感覺，是否希望關係能改善，或者不想勉強自己，執意要分手？」老師引導力生分析可能性。

「老師，我得回去想想，下次再來談！」力生臉色凝重。

「這就對了，深思熟慮，為自己著想，替對方設想，從關係的利益來考量，要在一起就彼此努力，想分手則好聚好散。」老師給予鼓勵。

下星期諮商時刻，力生居然帶著佳玲一起出現在晤談室。老師立刻明白力生的決定，他願意投資時間心力於關係中，乃邀請佳玲同來學習。於是老師強調，隨後在諮商中將出現的一些議題，並不是在說誰對誰錯，而是希望各人說出自己的看法，也檢討為何有這些觀點形成，是否實用或有助於關係之發展，諮商是要促進男女雙

方思想的溝通，感情的交流，能夠以話語及表情在一個安全又中性的環境中做真正的自己但又能顧到對方。

在隨後的六星期中，老師帶領兩人討論的議題分別為：

1. 愛情：不是永遠恆在的，是靠雙方努力維持而來的。

2. 性關係：不代表海誓山盟或婚約，人可以由愛而性，也有可能由性而愛，必須兩相情願。

3. 人際距離：親如夫妻都要互相有空間留面子，何況是沒有名分的情侶或好朋友。

4. 人生目標：男女在婚前應尊重對方的生活，支持鼓勵彼此的抱負，則相知感增加，相伴相隨意願高。

5. 感情觀：兩情若要久長時，又豈在朝朝暮暮；不論在戀愛或婚姻中，男女平等，互相尊重，而不是約束或控制，則感情的吸引力更大。

6. 結婚觀：現代人晚婚，經濟能力很重要，未來變數大，兩情相悅才是最重要的，愛情通過人生考驗，且兩人都已準備好共同生活共度人生，才能進入婚姻。

7. 父母的意見：男女朋友交往就跟交同性、

異性朋友一樣，不是罪惡，也不是祕密，讓父母知道，聽取他們的意見作為參考。

結　語

六個星期的坦誠相對，以及兩性人際議題的激發，力生與佳玲才知道關係的發展不是靠時光、柔情及性愛堆積而成，而是以溝通、了解、協調及磨合來深入扎根，突然發現在付出與接收中求取平衡是多麼不容易的一件事，雙方都承諾願意在關係中努力，首肯一試。

當佳玲獲知力生本來想分手，傷心哭泣，但在了解力生願意承擔一半的責任，重新整治並發展愛情關係，不禁破涕為笑，承認自己有些作法太自私，只顧自己的感覺，是為自己著想，剝奪了力生的權利，而她也不怨恨力生母親嫌她沒笑容，聽諮商師的諍言，視為正向建議，開始有了自我覺察，有笑容，自己看起來漂亮，也討人喜歡。

於是他們的戀情又繼續了一年半，直到力生

快退伍，佳玲剛畢業時，因兩人的人生目標及抱負差距甚大，雙方父母的意見甚多，也愈來愈知道自己要什麼，也就很自然地由情侶變成朋友，這對於他們來說，又是一次新的挑戰，由於早有心理準備，倒是平和漸進，畢竟人各有志，勉強不得啊！

建　議

1. 孩子有感情問題請教師長是好事，但提供意見及給忠告是不夠的，讓他們發揮潛能，培養化解衝突、適應彼此及解決問題的能力才是最有用的，而諮商就有此種功能。案例中的力生去尋求個別諮商，先釐清問題，然後帶著佳玲一起去作伴侶諮商，雙方投資時間與心力於改善關係中才是最有效的；父母除了給孩子心理諮商、感情諮商的觀念外，自己心中有任何困擾而一時無法處理，也可以去找諮商師。

2. 父母可以與子女討論的性愛、感情、婚姻之議題非常多，如案例中的愛情、性

關係、人際距離，以及避孕、墮胎、高潮、處女情結、性騷擾、A片、口交等等，不要擔心討論會形成鼓勵，多多利用生活教育、機會教育，自電視新聞、電視影片、連續劇、報章雜誌或社會新聞中抽出議題，先聽聽兒女的意見，再表達自己的看法，各人有發表自己觀點的權利，彼此作參考，促進了解。

7. 分手
不見得是壞事

戀 情 轉 折

「宜婷，你最近和那位電腦工程師進展得如何了？」好友秀惠不經意地問著。

宜婷放下筷子，表情黯然地說：「我前天發了一封電子郵件，跟他說，我們還是不要再見面了。」

「什麼？不要和他來往了？他到底對你做了什麼事？」秀惠杏眼圓睜，不可置信地叫了起來。

「小張很紳士，他什麼也沒做。就因為不是他的問題，我才這麼苦惱。」

「你的意思是說，是你自己有問題囉！你另外有中意的男生？不然怎麼會放著這麼優的對象不要。你想想看，他大你四歲，已當完兵在上班，長得又端正，以後還有可能是電子新貴，你是怎麼了？」

「我也不知道！交往兩個月以來，見了七、八次面，除了剛開始覺得好奇之外，好像愈來愈沒有感覺。雖然每次約會都是他出錢，去餐廳吃飯聊天，或去看電影、吃點心，但我只覺得他是個朋友，沒有男女的情愫。我很害怕他會喜歡上我，所以乾脆早點了斷，對雙方都好！」宜婷幽幽地道來。

「我看你都沒有給自己和對方多一點機會！你真的不想挽回了？」

宜婷搖搖頭，說道：「我真的於心不忍。今天收到他的電子郵件，語氣帶失望，還問我他到底做錯了什麼，我真的很苦惱。但是我可以確定，我對他那種一開始喜歡的感覺已經消失了，不知道是否和我以前單戀失敗的經驗有關！」

「真是搞不懂你！不過看你很苦惱的樣子，我建議你去找諮商中心的輔導老師談一談，先把自己的想法弄清楚，你到底是要哪一類型的男生？或者你對愛情太理想化了？我以前曾找過李老師談我爸媽鬧離婚的事，談過三個月後，我就沒那麼怨恨他們了。」

「是嗎？我從沒有向別人訴說過感情的事，不知從何說起。不過找人談談也好，以便向媽媽解釋，她似乎很高興我與小張交往，現在可能會讓她失望了。秀惠，謝謝你的關心與建議。」

問 題 呈 現

約定晤談的前一天晚上，宜婷翻來覆去睡不著，心中帶著許多問題，不知明天可不可以開口：

「我這樣片面分手，會不會太殘忍了？小張會不會受傷？」

「秀惠說我錯失良機，媽媽也可能會這樣怪我，怎麼辦？」

「是不是因為高中時單戀學姊失敗了，才逼我走上異性戀之途？或者我根本就不是女同志？」

「如果我不是女同志，為什麼我會喜歡看男男做愛與女女親熱的A片呢？我是不是不正常？」

「不知道輔導老師會怎麼看我？」

分 析 與 輔 導

宜婷忐忑不安的心情，在李老師的溫暖接納及同理心之下逐漸消失，她感覺李老師是她情緒安全的出口及接收處，先是凌亂地將前一夜的問題一古腦兒丟出，但在李老師的引導之

下，她才循著時間軸，將生命中的事件一一道出，在回想及傾訴的過程中，她也同時在整理自己的人生，雖然仍在摸索中，但至少可以勇敢地去面對了。

「我們先來處理當下的事件，先不管你是同性戀或異性戀，你對小張就是沒有那種感覺，是嗎？」

「嗯！」宜婷肯定地點頭。

「你能夠忠於自己的感覺，是尊重自己的表現，而你不想誤導對方，則是替他人設想。你提出分手是正確的，但是你的方法並不好，突如其來以電子郵件告知，這和有些人以手機簡訊告知，只是五十步與一百步的差別，小張必然會覺得莫名其妙，還反諸檢討是否自己做錯事，他的自責可能導致降低自尊與自信心，因此較佳的方式是讓他明確知道，你覺得雙方做朋友會比當男女朋友自在。以後見面可以帶朋友一起去，或者大夥兒出去玩。對他而言，目標關係的轉換會比被拒絕當男友容易接受。」

「那他如果不想跟我做朋友呢？」

「感情是不能勉強的，他可以選擇當朋友或者不當朋

友。」

　　「我明白了！我應該將自己的感覺及期待向他說明白，他才能感覺到我的真心與誠意，而我也可以坦誠地向媽媽解釋，不來電就是不來電，她總會希望自己的女兒快樂吧！」宜婷同時領悟如何面對小張及媽媽。

　　「現在我們來談談你的性導向。高中讀女校，對同性有遐想的情形很多女生都有，告白被拒的痛苦經驗也是久久不散，但光憑這點，不能確定你就是女同志。從你的經歷看來，你的情史相當空白，只喜歡過一個學姊，但並沒有交往，大學有許多男生追你，你不為所動，到了大三拉警報了，才在網路上交了個社會人士。你對男生及女生好像都沒有特別渴望，在確定自己的性導向之前，你需要對自己有更多的了解，包括人生目標、性愛、感情、婚姻觀等，我們以後可以慢慢談。」

　　「那我愛看男同志及女同志做愛的A片又怎麼說呢？」

　　「你是從高中時開始看的，那時你熱中女生，將自己的幻想投射在A片中的女同志身上，既然是女女可以相愛，男男相愛也是自然之事了。不過，宜婷，你並不需要急著證明你是同

性戀……。」

「老師，那我到底要交女生還是交男生？」宜婷打斷老師的話。

「你現在想和女生交往，還是想和男生交往？」李老師反問。

「原來以為和男生約會會很開心，事實上卻還好。小張打電話約我，我不好意思不去。但是我也沒有特別想要交往的女生對象。我是愛漂亮的女生，欣賞漂亮的女生，但好像又對T沒什麼興趣，所以我真的擔心我是個怪人。」宜婷的回答出人意料。

「這兩年來，你父親臥病在床，你為了幫媽媽分擔家計，忙著打工賺錢，心思不在自己身上，與小張的交往也是順應大環境趨勢及媽媽的期望。也就是說，你還未有時間及心情去確定、了解及開發自己的需求。如果老師現在告訴你去和女生或和男生交往，對你只有弊，沒有利，惟有你自己在上課及打工之餘，去拓展你的人際關係，建立社交圈，與男生約會，也與女生走得近，聽聽你心裡的聲音，順著你的感覺，也觀察自己的行為反應，你自己才能確定你喜歡的是男生還是女生。」李

老師緩緩地引導。

「老師，您說得容易，我做起來很難欸！」宜婷惶恐地說。

「沒錯，自我了解並非一夕間可以做到的，你若已有洞察，則一定要有行動，才能自行為中追溯自己真正的感覺，並還原認知。當然，你一下子也很難將所有的疑問解開，不要急，慢慢來。從現在起，我們每兩星期晤談一次，你將兩周來的生活、特別事件及感想與老師分享，尤其是有關人際交往的部分，同時也去觀察同性戀者之間的戀情，以及異性戀者之間的戀情，把所有的感覺都記下來，我們一起討論。我們的目標是先從自我了解做起，進而確定你的性導向，最後才是談戀愛。」

「謝謝老師！您真的替我想很多，我一定會按時來晤談的。」宜婷覺得心裡踏實多了。

結　語

四個月九次的諮商晤談期間，宜婷試著與三位男生約會，均沒有什麼感覺，她乃確定並非小張是不當人選，而是自己根

本不喜歡男生，但因為高中時單戀告白的失敗深深影響其自信心，被拒絕的羞慚令她不敢承認自己是女同志，連想都不敢去想。

宜婷在學校餐廳的海報看到學校女同志社的演講及聯誼活動訊息，基於好奇被吸引，去了之後才發現一半以上的聽眾為女同志。她突然覺得好自在，乃決定要盡量抽空參加該社團的活動。

當她將這些事告知李老師時，老師微笑地讚許，「自己的路得自己走，當你對自己有自信心及認同感之後，你的下一步，除了談戀愛之外，就是你和家人的關係，那是以後的事，你還年輕，還是先學走路再跑步吧！老師歡迎你隨時來談。」

建 議

1. 宜婷此種情形，父母是絕對不可能知道來龍去脈的，與小張分手的事件只是導火線，宜婷需要的是對自己有更多的了解，她才能在人生的路途往前走。由於小張的條件正好符合宜婷母親的期待，一個有前途的男友，她對於女兒的主動提出分手必然不解，心中充滿納悶，甚至埋怨，以至於關閉了

傾聽女兒心事的可能性。好在女兒孝順，不願母親擔心，主動尋求諮商協助，企求給媽媽一個交代。

2. 宜婷在摸索自己的性導向的歷程中，其實是相當孤單的，她無法向人啟口，甚至是自己的父母。幸好她的好友無意中替她開了一扇窗，宜婷獲得李老師的接納及支持，勇敢的一路走來。倘若父母知道了，應先嘉許她，再祝福她，然後給予不偏執、無私的愛心與支持。畢竟，做父母的不是都希望自己的兒女過得快樂嗎？

3. 有些孩子自小就知道自己喜歡同性，但父母一直以傳統性別角色來教育他（她），成長過程中感覺異性戀世界的壓力，自然不敢表露自己的性導向，不斷地壓抑，害怕被發現，而父母則理所當然地視子女為異性戀者，等到發現子女為同性戀時才怨天尤人，怨自己怪子女。其實子女自始迄今都是同性戀，改變的是父母自己的認定，因此建議父母自孩子小時就得注意性別角色的教育，並留意孩子的性導向。

4. 處於異性戀的世界中，同志子女有時自己也有恐同症，明知不喜歡異性，還是要符合從眾心理去結交異性伴侶，當結果是如預期的不滿意時，他（她）證實了自己的同志導向而開始交同性伴侶，父母雖然會驚訝，難以接受，但這是事實，孩子的同性戀情若是自在、快樂，父母也只好放開心懷，想像孩子的笑容，來接納孩子及他（她）的戀情。

8. 兩次分手，兩種心情

戀情轉折

　　從找房子、搬家，到一切都安頓好，整整一個月的時間，多虧安迪的熱心幫忙，玉珊的愁苦總算告一個段落。她已下定決心要接納過去，絕不讓噩夢干擾她的前程。這半年來已經被馬明害得夠慘了，她一定不要讓自己繼續慘下去。

　　玉珊與馬明高三時就是情侶，玉珊考上大學，而馬明落榜，就讀高四重考班，玉珊除了學校的上課與活動外，所有的時間與精力都花在鼓勵及陪伴男友讀書，且不顧父母的反對，公然同居，即使母親北上來叫罵，威脅斷絕經濟支援，小倆口跪著求媽媽讓他們在一起，幸虧爸爸心疼女兒，勉強接納；媽媽則是冷眼相對，玉珊心裡也是很煎熬。

　　辛苦讀書終於有成果，馬明考上台北的大學，與玉珊的學校相隔不遠，兩人歡欣慶祝。不顧媽媽的臉色，玉珊還帶男友南下回家住宿，她以為此後就可以名正言順地出入雙方家庭，關係的發展更提高一個層次。沒想到，馬明進大學後就忙著社團辦活動，幾乎將兩人愛的小巢當成旅館，周末還去打工，說是要賺零用錢。玉珊有苦無處訴，反正也沒什麼朋友，除了上課，就是待在家裡做功課、寫報告，以及等待馬明歸來。

就這樣過了一年，因為馬明要打工，玉珊自己回家陪父母住了兩個星期，做乖女兒。她想要給馬明一個驚喜，偷偷提前兩天回台北，一進門就聽見男女嘻笑聲，然後看見一個女孩穿著馬明的T-shirt坐在床上。玉珊無法相信深愛三年的男朋友居然做出這種事。馬明叫女孩穿上衣服先離開。他拉著玉珊的手告訴她，三年的規律生活他受夠了，他要離開她，展翅而飛。兩小時後，他提著行李，走出她的生活。

　　玉珊每天在學校裝得若無其事，回自己住處後卻哭得很慘，對面房間的房客也是同校學生，是僑生，發現玉珊的男友不見了，而她每天愁眉苦臉、垂頭喪氣，就主動問她是否有事發生。安迪的關切觸動玉珊的情緒，眼淚如堤防崩潰，伏在他肩上大哭。安迪買了便當與她共進晚餐，分享甜點，陪她聊天聊到很晚。當玉珊淚眼婆娑地要求他留下來睡沙發，安迪遲疑了一下，還是答應了；但是玉珊還是把他拉到床上去了。

　　次日，安迪很委婉地告訴玉珊，他有個青梅竹馬的女友在馬來西亞家鄉，他是不會離開她的，因為畢業後就要回僑居地工作，所以兩人的關係只是暫時的。他眼見馬明對玉珊的感情由濃轉淡，很為她抱不平，願意在她最需要時伸出援手，並且勸玉珊搬離這個有太多回憶的小房間。

她不再思念馬明了，卻眷戀著安迪的照顧與激情。白天他們各過各的生活，在校園碰到也只是點頭致意，一如往常，但到晚上卻是地下情人。玉珊既享受他的陪伴，又擔心他隨時會離她而去。他們之間沒有談情說愛，只有生活的實質照顧與情慾的滿足。這雖是治療玉珊失戀的良藥，卻也讓玉珊陷入良心的煎熬。她不喜歡瞞騙父母，不願意傷害安迪的女友，更希望自己的愛情能受眾人的祝福。而這樣的關係根本不是愛情，但自己卻是緊抓著不放。

問題呈現

以前和馬明談戀愛，以為名正言順，找到自己的幸福，不感覺愧對父母；現在與安迪暗度陳倉，玉珊覺得有愧父母的教誨，感到自己在沉淪，常自問：「我該如何面對父母？」、「我是否沒有未來？」

「有一種可能是，時候到了，安迪抱著我流淚，說他必須離開我了；也有一種可能是，安迪冷靜地、理智地說我們不能

在一起了。這是必然的結果，但我不喜歡
操之於他，我害怕那種感覺，所以我該
怎麼辦呢？」

「如果我先提出分手，對我可能好
些，但我做得到嗎？」

玉珊感到非常煩惱，又沒有人可以討論或請教，正好在校
園看到趙老師諮商中心招募義工的海報，一時興起，就打電話
去諮商中心求助。

分 析 與 輔 導

電話那頭的義務趙老師聽完玉珊的敘述後，問了她一句
話：「你想了很久，也說了很多，你認為該怎麼做才會對你最
好？」

「理智上我認為我該選擇結束這種關係，但情感上既有顧
慮又有眷戀，擔心傷害到安迪，自己也捨不得他的陪伴。」玉
珊直接了當地說。

「無論是哪種情況，安迪都要離開你，不是嗎？他現在
是在和你談戀愛嗎？他有說過他愛你嗎？你不用擔心他受到傷

害，他認為你和他只是各取所需而已，他照顧你、陪伴你，他所做的人情，自你身上得到了回報，而你也需要這種相互的慰藉，除非你的心態和他一樣，拿得起放得下，否則受傷的還是你自己。」

「老師，這我也想過，但就是下不了決心，好煩啊！」

「的確很讓人煩心！不過這也是你與馬明分手後的後遺症。你太習慣兩人世界，平常又很少與同學打交道，分手後不習慣一個人過生活，又缺乏知心朋友可以傾訴或分享心事，而對門的安迪突然闖進你的生活，同時扮演知心朋友及男伴的角色，你感到熟悉自在，逐漸穩住情緒，但也慢慢看到這種互動關係的不恰當及無承諾感。」

「老師，您的意思是，安迪暫時取代了馬明的地位？」

「可以這麼說！所以『暫時』與『取代』就是關鍵詞了。安迪也樂於『暫時』與『取代』，講難聽一點是『乘虛而入』，而你在最脆弱、傷心無助時就接納他了。他不愛你，你也不愛他，這種男女關係

有其短暫的功能，時間一久，有一方不肯放手，或雙方陷入熱戀，就一定會有人受到傷害。而你不是說不願自己受傷害，也不想去傷害安迪的女友嗎？安迪這樣做就已經對女友很不公平了。」

「是呀！我可不願意她成為我的翻版啊！老師，我明白了，我把安迪當成浮木，緊緊地抓住不放。我應該抓住浮木游到岸邊就趕快放手才對。怪不得我一直有沉浮感及不安全感。靠著浮木是無法穩定生活，心裡也不會踏實。」

「非常好，很正確的領悟，所以你要怎麼做？」老師還是把問題丟給玉珊。

「再過三個星期就要放寒假了，我要回家過年，多陪爸媽，開學之後就開始新生活。而現在快期末考了，我可以和同學去圖書館念書到圖書館關門。」

玉珊接著說，「而且要找時間請安迪吃飯，跟他把話說清楚，我們從不熟變成很尷尬的男女關係，其實都不是我想要的，如果我們能成為好朋友，對我對他都會比較好。」

「這是很理想的思考及作法，你認為安迪的反應會如何？」

「他可能會有點驚訝，因為我在他面前一直都是柔弱的形

象，也許我的果斷也會促成他決心結束這段不該有的關係。或許他不想和我成為好朋友，我也無所謂，反正他畢業後就回馬來西亞了。」

「很好，你已經很深入地釐清自己的顧慮與不捨了，下一步就是將決心付諸行動。其實也是好聚好散，各人都有美好的回憶，適可而止。只要你言出必行，你就對得起自己良心，也沒有愧對父母的教養，回家時坦然和他們相處，做個撒嬌的女兒。」

「是呀！我就希望這樣啊！」

結　語

當玉珊嚴肅但誠懇地與安迪溝通時，安迪鬆了一口氣，抓著玉珊的手說，「謝天謝地，我還擔心你陷得太深。其實我原先只是想安慰你而已，沒想到演變成這樣，真的很抱歉。」

「你是出於善意，是我不對，承受不起失戀的痛苦和孤寂，拖你下水。不過還真謝謝你陪我找房子，幫我搬家。」玉

珊苦笑著。

「我有時候還覺得自己是乘人之危。說實話，我還滿喜歡你的，但是又能怎麼樣呢？」安迪有點不好意思。

「所以我們就好聚好散吧！」玉珊終於可以無牽掛地說分手了。

建 議

現代大學生的感情生活愈來愈開放，有如成人感情世界，複雜又麻煩，父母親不能光視孩子為去讀書拿文憑的學生，他們是男人及女人，感情關係在這個階段對大多數年輕人而言，幾乎是與課業同等重要，甚至超越課業。

孩子住在家裡的父母，常常會怪孩子在進大學後，就把家當成了旅館，而離家住校的孩子，父母看不見也管不到，就更不知道他們的人際關係及交友情形了。以玉珊為例，本質上是個好女孩，雖然為了愛情而不顧社會規範與父母期望，但心中

其實存有父母的教化，所以才會在歷經失戀及偷戀之後，做出正確的分手行為，在沒有為父母知曉的情況下，自我探索，逐漸成長。

　　父母如果知道玉珊的經歷，必定是又心疼又生氣，有可能會口出惡言，責罵女兒，貶低她的兩段男女關係。當然，這也不能怪父母，她原先的感情關係就已經不被看好，第二段關係則更沒有展望。只是父母應試著以同理心自女兒的立場來看男女關係，包括情慾、信任、依附及安全感，不論她做了什麼選擇，都先給予支持，然後在言談中再給予意見及忠告，永遠留一條退路給女兒，則她就愈會願意與父母分享自己感情世界的喜怒哀樂，成人親子關係才能真正落實穩固。

9. 分手後的衝擊

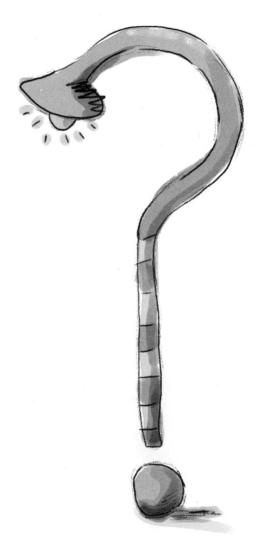

戀情轉折

「老師，您請等一下，可否借我十分鐘？」一個神情憔悴的女孩追在剛在視聽教室演講「分手後的調適之道」的王老師身後。

「請問有什麼事嗎？」

「想與您分享我的故事，剛才大庭廣眾之間我不敢說。」女孩怯怯地說。

「十分鐘夠嗎？」老師問道。

「老師，我的故事很簡單，我跟雙全相戀而訂婚，他前女友不甘心，回頭來找他，他倆死灰復燃，難捨難分。雙全就要求解除婚約，他知道我父母非常保守，一定暴跳如雷不放過他，所以他哭著求我，要我去跟父母說是我要解除婚約的。」女孩眼中泛著淚光。

「所以你就照做了？」老師有點好奇。

「起先我當然不肯，哭了好幾天，後來

他承諾我們以後一定是好朋友，他會照顧我一輩子，只求讓他與女友在一起。我因為愛他就心軟去向父母撒謊，結果遭殃的當然是我，父親差點將我掃地出門，說我丟盡了劉家顏面，而男友在退婚後就再也不肯聯絡，換了手機也換了工作，我就這樣兩面不是人地苟延殘喘了兩年。」女孩已經開始啜泣。

「的確是很坎坷的遭遇，兩年的時間陷在憂鬱、怨恨、傷心、痛苦、委屈及含冤之中，難怪你會用苟延殘喘這四個字。現在要不要說說你自己的現況？」老師輕拍著女孩的肩膀。

「我是會計系夜間部四年級劉麗麗。高職畢業後做過兩年事才考進本校日間部就讀，退婚後為了逃避家人的眼光，我轉到夜間部上課，白天在一家公司當會計，每天以忙碌來麻醉自己，但還是無法擺脫退婚的陰影：雙全給我的傷害，以及父親不斷地指責。」女孩吸口氣，繼續說：「家裡人思想非常傳統，而父親發現我交男友，就說要訂婚才能公開出雙入對，所以我們訂婚了，他現在還罵我退婚是因我不守婦道，但又不准我未婚搬出去住，有好幾次我都希望我可以從這個世界消

失！」

「老師，您剛才的演講很精采，但好像只能醫輕症，無法治我這種重症。我的人生就被這個男人害得這麼慘，有什麼藥可醫呢？」女孩無助且絕望地說。

「麗麗同學，你的故事架構簡單，但是後遺症無窮，三個十分鐘也無法談完，要不要打電話去我的諮商診所約個時間好好談談？我看你的狀況，真的很需要找專業人員談談，理出一個頭緒。你今天能夠與我分享，就是踏出第一步。」看到麗麗點點頭，老師繼續說，「第一次正式晤談之前老師希望你能將你想要尋找答案的諸多問題先思考過，再用筆一一列出，帶來與我討論，好不好？」

「我會照老師的話去做的。老師，謝謝您的聆聽。」麗麗給了承諾。

問題呈現

麗麗帶來一張紙，寫滿了問題：

「退婚的女人還有

人要嗎？我這一輩子還會有機會談戀愛嗎？」

「為了愛情，我幫男友欺騙父母，而他居然雙重背叛我，是我太笨了，還是他太詐了？」

「如果他很奸詐，為什麼前女友還會要他？」

「我是不是比他前女友差很多？」

「我該如何彌補讓家人丟臉的罪過？」

「怎麼做才能重新獲得父親的愛？」

「如果我從這世界上消失，會不會再背上不孝的罪名？」

分析與輔導

「老師，我知道事情都已發生，不可能改變現狀，覺得自己很悲慘，但我又很不甘心人生被毀，兩年來生死掙扎的意念快把我逼瘋了，因為聽了你的演講，帶給我一絲希望。」

「麗麗，你肯去聽演講就是在給自己找希望，你其實是很想給自己一個好的人生，只是你受保守家庭

的影響，開始自貶、自責，人一覺得自己沒價值就會覺得很羞慚，為了躲避羞慚，就想要消失。」

「對呀！我常有這種感覺，但有時心裡又覺得我不該如此懦弱。」

「麗麗，分手的衝擊對你實在太大了，未婚夫的背叛兩次，與女友復合及騙你退婚，任何人都會受不了，但你撐過來了，也真不容易。」王老師讚許與支持。

「不過，兩年的忍受已經夠了，你才會想要突破現狀，現在讓我們來看看你所列舉的七個問題，均是分手衝擊帶給你的負面影響：自我價值低落及家庭關係疏離；其中一個問題，你居然不敢或不願意承認男友奸詐，反而懷疑自己笨。很多女人為了愛情都會做出不理智之事，所謂愛情是盲目的，男友當時很需要你，即便不想訂婚也勉強配合，而你卻沒發現這點，後來他又利用你去退婚，你沒有想到訂婚退婚均是你倆之事，為何要你一個人承擔？基本上雙全是個欲達目的不擇手段的人，只要認清這點，你就可以慶幸是在結婚前

分手。」

「可是我也怪自己為什麼要和他交往！」麗麗悔恨地說。

「男女本來就得經過交往才知道合不合適，在整個互動過程中，他不夠真誠，而你又太純情、太天真。現在說這個有點離題，重要的是不要再讓這個男人的陰影在干擾你的生活了，請問分手前後你有什麼改變？」

「我本來很快樂，現在很悲傷，沒自信。」麗麗幽幽地說。

「錯了，你還是原來的你，沒有少一根頭髮，還是會計專家，好女孩，乖女兒，並沒有因那個男人離開你而變得不好。你的情緒受到分手的衝擊而有大變動，是因為你認為自己無吸引力、無辨識力，才會失掉男人的愛情及父親的疼愛。認知上的貶低導致不喜歡自己，對自己充滿了負面情緒，行為無力，對人生消極。但是認知是可以改變的，衝擊的力量雖大，卻可經由時間及主宰意志來療傷。」

「老師，您說得很有道理，但是我好孤單，沒有力量啊！」

「是的，沒有動力就沒有力量，缺乏支持，力量也就不夠，而你最渴望的，當然是家人的支持，但他們卻一直加諸罪名與壓力在你身上，所以你求助於心理諮商，老師支持你，引導你趨向正向思考，對分手一事能夠釋懷，那只是人生中的一次挫折，並建立正確的自我認知，你才能自我賦權，站穩腳根，開始新生活並規畫未來。」

「自我賦權？」

「力量由心中滋長而付諸於行動，以自己的力量來過自己的生活，本來是女性主義中的一個概念，鼓勵女性不受男性壓迫，獨立自主，其實也可以應用在較無信心，負面思考的一般男女身上。」

「噢，聽起來很吸引人！我做得到嗎？」麗麗有點擔心。

「每個星期諮商一次，可以看出你每一個星期的進展，一年半載下來，你會跟今天完全不一樣。我們除了一起做你自我建設的工作外，下一步就是處理你與家人的關係。父母親的觀念是很難改的，

但你也不必屈服，因為他們的觀念是錯誤的，也就是說你在思考方面要自家庭分化出來，學習獨立思考，建立正確的價值觀與認知系統。」

「這部分我可能很難做到！」麗麗面有難色。

「又不是叫你去反抗父母，只是先建立自己內在的認知系統，找機會多和他們聊天，讓他們知道你也曾因感情事件及處理不當而難過、羞慚、自責過，但人本來就是自經驗中求取教訓，也因此而成長，因此請父母不要念一輩子，子女的心才會向父母更靠近。」老師解釋。

「其實我也很想搬出去自己住，但他們不肯。」

「等畢了業到南部找一分待遇好的工作，他們大概會放你走吧？」

「如果公司有宿舍，或和幾位女同事合住的話，大概會吧！」

結　語

定期和老師對談，麗麗的憂鬱情緒一點一點地

消失，談到雙全時也不再那麼委屈傷心，由痛恨背叛到歸咎於他的劣根性，心中的傷口一天一天痊癒。每個星期，王老師閱讀給麗麗的家庭作業──寫日記，可以看出麗麗開始關心周遭的人與事物，不在限於愁苦之中，還開始泡綠豆長豆芽及栽種盆花了。

麗麗盡量在周末留在家裡做家事及向媽媽學做菜，與母親談話的機會多，內容也廣泛且深入，母親轉告父親，女兒其實很乖，退婚是因為那個男人做出對不起她的事，父親對她態度也開始轉變，然後麗麗逐漸灌輸父母台北的會計工作職位已飽和，同學們都說南部工作機會多，有展望，大家都要去南部應試找工作，讓父母有心理準備，她可能會因工作而離家。

建　議

國有國法，家有家規，父母樹立典範管教孩子本是好事，但是在男女情事方面不教也不

說，只是規定「不可以」，因此乖巧的女兒才會為了與男友繼續交往而在心理上、現實中未準備好的情況下匆促訂婚，也以為訂了婚感情就會穩固，這是父母對感情的迷思傳承給下一代。

父母一聽到退婚，就暴跳如雷，先想到自己的顏面，沒有注意到退婚的說詞並不符合女兒的個性，其中必有蹊蹺，本應以關心女兒的心態從中了解，卻只是一味地加重女兒的羞慚感及罪惡感，還替她畫上「退婚女人」的刀痕。在得不到家人支持反被唾罵的待遇下，她以忙碌來麻醉自己，但對雙全背叛的怨恨及委屈仍在心中積壓，逐漸演變成憂鬱情緒，幸好她不甘消沉，去找專業諮商，獲得社會支持與資源。

麗麗既能諒解父母難以改變的個性及觀念，深知自己對親情的依附比愛情深，願意主動去修補成人親子關係，父母也應能接納女兒年輕，談戀愛過程中難免失去理智作錯誤判斷，過去發生的一切令女兒受了太多苦，若能給她支持與肯定，至少不要指責她，默默地陪著她，對女兒及家庭氣氛都

會有幫助的。

　　女兒大了也應自家庭分化出來，尋找自己所要的生活方式。她所要求的是離家外住，以她過去在家庭中所受的教養，她當然能夠分辨是非，父母只好在信任女兒的前提下讓她展翅而飛，她的傷口才能早日痊癒，重新活出自己。

10.

分手後的調適

> 父母如何與子女談情說理 <

戀情轉折

純純腦中不斷地浮起那本婚紗照中新娘與新郎的影像，小敏一副小鳥依人狀，眼神的笑意多迷人。小敏居然有膽拿真正的結婚照來騙純純，說她一時興起，與青梅竹馬時的男友跑去拍婚紗照，為的是要留一個美好回憶。純純居然單純地相信她了，兩人還一起欣賞每一張照片。

小敏闖進純純的生活，是純純正要重新整理人生的時候。純純隨著台商父母住北京，國中三年在大陸度過，高中時爸爸送她去澳洲讀書，雖然英文學得不錯，異地生活卻很不習慣，個性內向偏中的她不敢主動交朋友，只能等同學來找她，除了社交圈小外，飲食也是頭痛問題。但是為了不讓父母擔心或失望，純純都沒訴苦，只是埋首書堆，期望念出好成績，而她也做到了，因此輕易申請入國立大學就讀。

大學裡她開始交男女朋友，雖然有欣賞東方女性的一些男士大力追求，純純也覺得約會有趣，卻對肌膚之親毫無興趣，甚至嫌惡。有一次與一位女性主義鼓吹者兼關懷弱勢的社團領導人瑪莉因彼此好奇而走得很近，談得很深入，瑪莉才告訴純純，她認為純純是女同志的T，這個角色是在床笫之間的舉止

有點像男生但又不完全像，就是較有侵略性，會因喜歡而盡量給予對象，也就是女同志的婆，身體上的愉悅與滿足，而自己也經由看到對方快樂與享樂的歷程而達到身心的滿足。

自此，純純檢視自己過去的感情性愛觀及性幻想，發現自己真的是T，她很高興經由瑪莉、大學輔導老師及透過書本，使她深入認識了解自己，也接受自己的性導向，並敞開心懷，開始與女同志約會。慶子是第二代日本移民，非常開放，但與純純熱戀一個月後就以雙方文化差異太大無法溝通為理由，不再與她親近了。純純傷心之餘，很快地交了一個澳洲女同志，結果是對方嫌純純內向又沒主見，不是理想對象，兩個月後就分手了。

兩次戀情的快速結束令純純覺得痛苦而孤單，她鼓起勇氣告訴父母要回台灣念大學，苦苦哀求之後，她終於以僑生身分進入某大學降級就讀三年級，因為她是僑生，英文又講得好，人也漂亮，全系同學的注意力都在她身上，然而她卻被負責帶領她適應環境的某老師助理小敏深深吸引，美麗大方，開朗奔放，且能言善

道，而最令純純驚喜的是她對純純的暗示
明示都沒有拒絕且相當配合，且老實告
知她有過女友也交過男友。

　　純純陷入迷惘，「我的愛情是不能
與另一女人分享的，更不要說是男人了，
小敏會真的愛上我嗎？她真是個令人摸不透的女人，一看到她
我就好喜歡她啊！」所以她就將小敏納入她新生活的一部分，
上學、讀書及與她交往成為每天生活三部曲。

　　三個月之後，父母發現她的同志戀情，打了她兩巴掌，
又罵了半天。而小敏也不斷地告訴她無法滿足與她在一起的現
狀，因為純純太依賴，且很多想法都放在心中，太缺乏自我肯
定了，小敏承認純純是個討人喜歡的女孩，但當情侶會讓對方
有心理負擔，純純哭過吵過，還是背著父母與小敏交往，而且
與小敏一起欣賞她的婚紗照。

　　某一夜純純去小敏家住宿，半夜起來喝水，看到電腦還
開著，好奇想上網搜尋，居然不小心看到小敏寫給男友（應該
說是未婚夫才對）的電子郵件，充滿情意，且對於要隨他依親
出國之事極表興奮，純純才發現她被小敏欺騙、背叛，眼淚奪
眶而出，卻沒做任何動作，等待小敏次日是否會有所表示。很

不幸地，小敏總是若無其事，只說家裡有事忙，但會盡量抽時間與她見面。純純終於忍不住爆發，儘管小敏逞強地說，「我喜歡他也喜歡你啊！」純純白天在學校無法不見到小敏，分秒難挨，回家後就把自己關在房裡哭泣，也封閉心扉，一個月後她聽到小敏離職隨未婚夫去美國的消息，她幾乎想要休學，但又想到父母的期望及教授的關懷，她忍下來了。

問 題 呈 現

本來就有吸菸的純純，曾為小敏戒過煙，但現在已經增加到一天一包，而且還一個人在家裡聆聽小敏送她的幾張CD；啤酒或葡萄酒經常下肚，半醉半醒的在電腦上寫手札，全是過去甜蜜回憶的複現，她總是無法相信這麼可愛的女孩，如此親密的伴侶，怎麼可能對自己做這種事？雖然小敏提過無數次分手，她都以眼淚及柔情化解危機，以為沒事了，沒想到小敏真的走了，留給她無限的愁與恨！

班上兩個較要好的女同學看不過去，跑來勸她，想將她拉

回現實。

「純純，不要再喝酒吸菸了，身體要緊啊！別這麼沒用了！」

「純純，就算你哭死了，小敏已經有婚約且人在美國了！」

純純到學生諮商中心，劈頭第一句話就是「老師，我真的是個沒用的人嗎？」「老師，我要怎麼做才能成為人人喜歡的有用之人？」

分析與輔導

老師花了五次晤談的時間讓純純了解「有用」與「沒用」並不重要，它們只是隨口說出的形容詞用語，並無事實根據，三次戀情無善終並非純純沒用或不夠好。感情關係是由兩人互動營建出來的，而各人的背景、個性及喜好要求均不相同，尤其是女同志，本來就是少數民族，要找到理想對象更不容易，尋尋覓覓，挫折傷心是任何有愛情憧憬的人都會可能有的經歷。

純純的個性內向文靜，偏偏喜歡找互補個性的對象，剛開

始都很愉快，但個性活潑外向的一方可能
後來就發現自己不是喜歡這一類型的
對象，尤其是小敏，她是雙性戀傾向
異性戀，可能也是因為社會壓力及自己
實質的利益，她在同性異性兩邊熱戀中選
擇了異性戀，卻無法誠實面對純純，比較為自己著想欠考慮的
作法變成對純純莫大的欺騙與背叛。純純因此而覺得自己什麼
也沒有，也不斷地聯想到前兩次戀情，突然覺得自己什麼也不
是，又加上同學善意的指責，她的結論是自己是沒用之人。

　　老師分析了純純交友對象們的性格，以及她交友的方式
後，告訴她感情其實很複雜，不是「一加一等於二」或者光是
「對」與「錯」，所牽連的因素太多了，純純被迫以這種難堪
方式結束戀情，的確難以承受，不應該全部忍在心中，而做些
缺乏建設性的行為如喝酒吸菸，來發洩積壓。小敏之所以不敢
面對，可能有一部分也是害怕純純的眼淚及柔情攻勢，她必然
有她的弱點及苦衷，純純若能從小敏的立場為她設想，這是小
敏尋求感情解脫的不佳方式，她既然這麼想走，就讓她走吧！
最好是徹底將她自心中請出去！

　　經過十次的晤談，純純比較想得開了，小敏去追求她的

幸福，自己似乎不值得陷在困頓中，就是沒有動力做任何事，她很沒把握地問老師：「理智上我知道該振作，但情緒上還是經常陷入從前的回憶中，我怕回到現實，現實生活中，我孤單一人，還要去面對父母對我不諒解的問題，想逃避又逃避不了！」

「有心振作的念頭在你心中萌芽，你才會來找老師，而經過十一次的晤談，念頭已開始扎根，我們可以共同商議出行動計畫，眼前目標是分手後的調適，等你調適良好心情穩定之後，再來處理女同志、女兒與父母之間的問題，你覺得如何？」

「好啊！我們有了計畫，我會開始行動的。」純純承諾老師。

一星期後純純帶著做好的家庭作業回到晤談室，她的筆記本上寫著：

1. 我把小敏送我的CD都束之高閣，每天打開收音機聽古典音樂。

2. 我星期六搭高鐵去左營找表姊，搭快速鐵路的經驗還不錯。

3. 我寫家庭作業時，想的是自己，而不是別人。

4. 我陪媽媽去大賣場購物，聽她講購物經，想要走入她的生活。

5. 我現在還不想交女朋友，但我能夠重新肯定自己。

　　老師讚許純純能誠實地記下過去一周的想法、感覺及行動，她已經能夠自己形成計畫而付諸行動，好的開始是成功的一半，在隨後每周的家庭作業討論中，只是老師稍微引導或提示，純純就能有新計畫新行動。於是在第十四周晤談結束後，雙方同意終止諮商。

結　語

　　諮商雖然停止，並不意味著純純調適完畢，而是純純及老師都看到純純在調適之路的努力，相信純純已經有能力、有方法幫助自己了。她將小敏的行為合理化，分手雖曾極端痛苦，但已經發生過了，十四次的諮商及五個月的時間流逝，已經沖淡愁與恨，可以接納分手的事實了，她還加入生命線義工訓練的行列，除了希望自我成長外，還想幫助一些有困擾的人們。而媽媽看到女兒每次頂多只喝一罐啤酒，也只有飯後才吸一根

菸，覺得女兒可以管理自己，也就放心多了。只是仍然不去碰觸她感情世界的議題，而純純因為還未準備好，目前也沒有女朋友。

建 議

父母花了心血與金錢栽培女兒，無非希望她以後有好學歷、好工作、好婚姻、好人生，然而在培養的過程中，無形中會影響到女兒的個性與親子關係，因為她背負著父母的期望，會感到壓力，有的小孩會以叛逆行為來抗拒，而個性溫和善良的純純則以照單全收的方式來因應，因此她只報喜不報憂，父母只根據她報的喜來塑造女兒的形象，沒有看見她脆弱及有需求的一面，而當父母無意間發現女兒的女同志戀情時，他們無法承受此震驚，只能以打、罵女兒來發洩，女兒不覺得做錯事，但覺得對不起父母，令他們生氣，她只能將所有的委屈與傷痛吞下，三緘其口，所以父母從來不知道純純的三段情傷，無法在女兒最需要時給予家庭支持。

女兒成為同志，是先天或後天因素並不重要，重要的她是女兒，也是一個獨立的個體，她有喜怒哀樂的情緒，也有感情需要——愛情、親情、友情的渴求，父母應接納女兒是她自己的模樣，而不是規定她要長成長輩期待的形象。反對她的性導向，詛咒她的愛情只能摧毀自己的成人親子關係，使得雙方都過得很不快樂，父母愈頑固，女兒就愈陽奉陰違，大家都終生受苦。並不是說一定得贊成女兒同性戀或父母得先退讓，而是女兒身不由己，她何嘗不希望自己快樂，而父母也可因她而過得快樂？

　　有些父母碰到這種情形，寧可當鴕鳥，心照不宣，眼不見為淨；有的父母則是拚命介紹適婚男子，且不斷拜託心理學家去矯正女兒，但現在愈來愈多的父母在子女的懇求下，參加同志諮商熱線定期舉辦的父母子女心情分享座談會，說說自己，聽聽別人，看到許多例子，聽見不少故事，終於了解到孩子所受的委屈及辛苦，也領悟到所謂父母「無私的愛」之真諦。

11. 報復之心
不可有

戀情轉折

　　成政是私立大學籃球校隊成員之一，於校際比賽時認識了友隊的啦啦隊員李丹，因為送她回家，李丹打電話來致謝，並約出來見面，成政從來沒想到要「高攀」國立大學的女生，然而這位身高只有150公分的女生卻積極地「高攀」身長182公分的私校球員。

　　兩人在各方面的差異造成互相吸引，成政是個不愛念書的學生，功課只是低空掠過即可，他熱中於打球、爬山、聽音樂、看電影及讀課外書；而李丹一邊讀國貿，一邊在家裡幫忙父親生意，有志成為跨國商人，因此對於市場行情、經濟趨勢非常關心。成政本來有點自卑，擔心自己配不上她，但看到李丹被他帶出去走草嶺古道，逛CD店及吃大稻埕古早小吃是如此的開心，他才確定李丹是真的喜歡他。

　　起先的交往總是美好的，當李丹的父母知道了，堅持邀請成政去吃晚餐，李媽媽的手藝雖好，食物可口，只是成政立刻感受到她家保守的氣氛及父母咄咄逼人的口氣，一副「我家女兒很寶貝，你可要好好對待她」的態度，而且還一直問他將來的抱負，連他自己都還沒確定，又如何回答他們呢？此後他

就表示不想再去她家吃晚餐，李丹就很生氣，而另外一件引起兩人不快的事是，李丹認為成政已去過她家，現在該是她去成政家的時候了，成政倒覺得還不必太急。

由於李丹很愛講話，針對此事，無法靜默，經常用各種方式想要說服成政，滔滔不絕成了疲勞轟炸，為了息事寧人，成政只好告訴媽媽要請同學們到家吃晚飯，請媽媽做菜。成政另外還邀了兩個好友，一切進行順利，但是李丹覺得她沒有受到女朋友的待遇，私下問成政好友，才知道成政的父母教育小孩的態度很開放，隨他去，而成政也因交過好幾位女朋友，父母已見怪不怪了。

此後李丹在言談之中就常追問成政的情史，認定他是有太多前科的累犯，譏諷他的好友交友不慎，批評他的父母不會教育小孩。有一次還嘲笑成政母親的鼻子有點朝天鼻，成政忍無可忍吼她閉嘴，當成政還在生氣時，李丹卻過來抱他，想要跟他親熱，成政不耐地將她推開，她一再地靠上來，惹火了成政，猛然站起來要離開，李丹撲了空，跌在地上。盛怒之下她狂打成政的胸前，成政受到突來的攻擊，本能地反抗，抓住機

會打了李丹重重一巴掌，整個人跟蹌欲墜。她開始哭泣吼叫，自己叫車回家了，成政則像個洩了氣的皮球，覺得自己面目可憎。

李丹的父母當然不會罷休，帶著李丹找上門，要求道歉、賠償及承諾，成政父母表示兩個孩子都是二十一、二歲的成人，他們應對自己的行為負責，有事情自己得學習解決，成政也當面道歉了，但李丹父母依然暴怒，認為成政有暴力傾向，父母不會教兒子還袒護他。成政父母均為公務員，態度很明確，但口氣溫和，請大家到對街餐館用餐再談被拒，兩家不歡而散。

成政接到自稱是李丹姊夫的人打電話來威脅，若再有暴力行為將打斷他的雙手之後，他就決定不再接李丹的電話，雖然她一直傳簡訊要求見面，兩個人鬧到此種地步，也沒有必要再交往了。

問 題 呈 現

　　有一天早上，成政要騎車上學，發現
摩托車的踩腳處有一堆大便，到了學校
被教練找去，才知道球隊每一個球員都
收到一封電子郵件，是李丹控訴成政對
她的暴力行為及始亂終棄，還說如果不出面
解決，將發傳真給全校各系及校長。

　　「這個女人真的太過分了，我要反擊！」這是成政的第一
個反應，但經過與教練長談後，他了解到自己不應存有報復之
心，冤冤相報將會沒完沒了，自己的個性本來就是以和為貴息
事寧人，但是事情演變成如此醜惡，下一步該如何走是個大難
題，何況自己才是受害人！

　　「我該如何處理這件事？隨他去，不採取任何行動？」

　　「兩個不合適的人交往為什麼不能有善終？」

　　「國立大學的女生太可怕了，惹不得！」

　　「如果她再繼續做傷害我的舉動，我該怎麼辦？」

分 析 與 輔 導

　　成政帶著滿腦的困惑與一大堆問題來到諮商中心，抒發來龍去脈後，問到，「老師，我只聽說過男生報復女生的，怎麼會有女生會做出這種事！」

　　「你對女生的刻板印象是弱勢、被欺負、受委屈？你以為你不理李丹，她就不會來找你？不論男女，只要人一陷入感情的漩渦都很難自拔，她對你已是愛恨交加。其實你倆成長背景不同，個性差異又大，價值觀相差甚遠，但她認為她愛上了你，你就得對她好、順從她，當衝擊愈來愈頻繁，不滿的情緒累積愈多時，她期盼你能像剛交往時那麼熱情、體貼，忘記了你也是有個性、有情緒，再加上兩家父母的談判不搭調，她對你漸生恨意，後來父母禁止她找你，你也不接她電話，她覺得兩邊不是人，怒氣上升，怪罪於你，乃做出許多不合理性的行為，報復你對她的寡情，發洩心頭憤怒。」老師分析李丹心態及行為。

　　「但是她也不能將傷害我的行為合理化啊！」成政抗議。

　　「是的，李丹對你所做的行為都是不應該的，尤其是散發電子郵件給球員們，還威脅要發傳真給學校其他人，不過這後

面的動機除了報復外，還含有一個訊息，就是要你說清楚，其實她自己也想要好聚好散，免除回首難堪的痛苦，可能會比她目前的痛苦還糟糕，搞不好還影響到將來。」

「我們的交往被她及她家人鬧成這樣，還想好聚好散？」成政心中不平。

「兩個人是否合適是你們自己要自交往中去判定，而李丹是她家庭的一分子，她們有她們的立場來看你倆互動，而你與你家人亦有自己的立場，就是這種認知差距使得兩邊無法達到共識，她家人將你列為拒絕往來戶，而你也將她三振出局，她覺得她是受害人，付出感情卻落得如此，她心有不甘才想報復，那種衝動難以控制，一發不可收拾，所以你現在不要激怒她，想辦法將她情緒平息下來，就可以好聚好散。」

「可是我實在不想再看到她，也不想與她有任何糾葛了！」

「咦，成政，你不是來問我要如何處理現況嗎？你雖是受害人，但在兩人互動關係中也脫不了責任，女人打男人固

然不對，男人打女人則更不對，因力氣大易傷人，而兩人若不合適，應面對面說清楚，而不是以吵架或逃避的方式不歡而散。現在李丹失去理性，你就得以理性兼感性來面對她，幫她找回理性，讓整件事不再擴大，和平落幕。」

「老師，我怎麼感性法啊？我沒辦法假裝我還喜歡她。」成政叫道。

「又不是要你去演戲，是要你以成人的態度去同理李丹，好好地與她談你們交往的始末，兩人都曾真心付出，但因許多因素走不下去了，很感謝有這個機緣認識，就是經過衝突才能讓彼此深思，檢討而成長，你向她深深致歉不該打她，這是很大的教訓，也請她不要再存報復之心傷害你了。」老師諄諄善誘。

「可是她亂說話，狂揍我，去跟她父母告狀等一大堆錯事就不用提了？」成政覺得委屈。

「提當然可以，但可不要怪她。因你現在目標是好聚好散，全身而退，一定要以理性兼感性的低姿態與她周旋，減低她認為她所受的傷害，然後才能將她帶回現實，就是你對她的祝福，希望各自以後能碰到合適的對象，以較成熟的態度建立感情關係。」

「是的，老師，我懂了。不過我還有一個問題，像李丹這樣衝動又報復的人是否該接受心理諮商或心理治療？」

「沒錯，她是應該找專業人士談談，針對自己的任何問題，如感情困擾、內心負面情緒及衝動行為，目的是讓自己好過些，也就是心理調適及自我成長，但一定要在自己有意願的

情況之下，諮商才容易進行且有助益。你也可以告訴她你正在接受諮商，鼓勵她去找人談談。」

「嗯，我知道了。」

結　語

成政告訴父母親，他要找李丹出來鄭重道歉，並把話說清楚，早點結束變調的感情。他向父母要錢並徵求他們的意見買禮物給李丹父母。父母很高興兒子可以處理自己的感情問題，也贊成好聚好散的作法。成政覺得有點不好意思，以前都很少與父母分享自己的心事或情事，現在有了麻煩才找他們商量，但是也因這件事的發生，讓兩代之間有機會談論這方面的話題，親子互動增加，感受也強烈。

第一次談話，李丹只是聽，很少回應，然後將成政買的兩瓶洋酒帶回家。第二次談話，李丹的防衛解除，道出她非常欣賞成政的身材及外貌，但發現光這樣是不夠的，而成政也坦承自己對國立大學女生的迷思，當雙方將內心深處的祕密分享後，也釋放了愛與恨，說好第三次見面將是最後的晚餐，好聚好散。

建　議

　　以李丹的父母為例，出於保護與關心，他們在時機未成熟就邀請成政來家裡品頭論足，而李丹受父母影響，也急著去成政家現身，對方父母的放任子女的態度令她覺得不被重視，再加上兩人打架的導火線，李丹的父母立刻出馬興師問罪，加速了關係的瓦解。

　　而成政父母民主尊重的教育方式讓好玩的成政沒有後顧之憂，卻因沒有給予適度的情感觀念及溝通，兒子碰到這樣的事只是叫他自己負責任並未用心引導，以致遭到女方的誤解與怨恨，好在成政自己覺得不對勁，先找諮商老師談過之後再主動回來與父母商議，父母才開始與兒子談論性愛感情觀，展開親

子互動，其實是有點被動。

　　孩子在大學這個人生階段展開兩性人際關係的練習，父母的介入不可太多，給予關心，鼓勵分享，不加批評但有力提示，會讓孩子覺得父母在背後的支持及信任，比較不敢恣意獨行，也會學習對自己的行為負責，不要讓父母擔心。

12. 因失戀而輕生

戀 情 轉 折

　　一位中年婦女對著諮商師一把鼻涕一把眼淚地哭訴，「我離婚後獨立把乖乖養大，等她進入大學，我才敢交男朋友，而她也開始交男朋友，所以我們後來見面及相處的時間並不多，有時候她沒有回來，而我周末會去我男友家住宿，我以為我們各得其所。」

　　「有一次我們母女剛好都帶男友回家住宿，第二天早上兩對男女在早餐桌上碰面，是有點尷尬，不過看他們小倆口子相處融洽，我還很替乖乖高興，有時候我們也會互相取笑對方。」安妮比較平靜地說。

　　「也不知道什麼時候開始，乖乖和男友有了問題。據說是男友打算畢業後出國深造，積極準備考托福及GRE，而乖乖深知我沒有財力讓她出國，她就盡力阻止男友準備考試，還引誘男友不戴保險套做愛，但男友不為所動，堅決要實現求學目標，因不耐她的嘮叨及眼淚而逐漸對她疏遠。」

　　「那一陣子剛好我男友母親生病住院，我也幫忙照顧，完全沒有注意到乖乖的情緒變化，也不知道她經常在男友家門口或圖書館打烊時去等他，男友礙於情面，雖會陪她勸她一陣

子，但總是說只是朋友的聊天而已。我們家乖乖就是不死心，一直去找他，最後男友火大了，就罵她不正常，她媽媽行為不檢。我想乖乖就是受了這個刺激才想不開。」安妮又開始掉淚。

「她傳了簡訊給男友說要讓他後悔一輩子，還要男友轉告我，也要我後悔一輩子，她永遠是我女兒啊，我又沒拋棄她，她怎麼可以對我做這種事，說這種話呢？你知道嗎？她偷吃我的安眠藥，二十幾顆吧，還好她男友覺得不對勁，打電話到我辦公室，我才知道原委，打她手機又沒人接趕快回家，才發現她真的吞食安眠藥昏睡不醒人事，懷裡抱著她10歲時我送的小熊。」

「好在現在她已沒事了，出院後在家修養，班上幾個同學輪流來陪她，她們事前都有勸她想開些，天涯何處無芳草，她是點點頭，同學們也沒有預料到她居然會做傻事！醫院的社工室主任說我們母女都該作心理諮商，先是個別晤談，到了一個段落後可以母女一起作諮商，所以我今天就來了，想要了解如何幫助我女兒。」安妮說出了目的。

問 題 呈 現

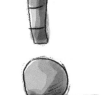

　　「既然你想幫助女兒，你覺得你能做些什麼？」諮商師要安妮思考。

　　「我沒有辦法將她男友找回來，我大概只能安慰她吧。請問我還能怎麼做？」安妮一臉苦相，「她好像也很恨我的樣子。」

　　諮商師請安妮靜下心來，獨自處於諮商室半小時，寫出她想知道的一些事情，然後再一起討論，結果安妮的問題為：

1. 乖乖心裡到底在想些什麼？

2. 乖乖的生活裡欠缺什麼？

3. 我跟乖乖的親子關係何時開始停滯了？

4. 我要如何重建與乖乖的親子關係？

5. 我如何在我的愛情與親子關係中求取平衡？

6. 我該如何與她談性說愛？

分 析 與 輔 導

經過斷斷續續的回憶與述說，安妮逐漸了解到母女關係開始停滯時，就是她與男友伯倫談戀愛的初期，她認為女兒讀大學，長大了，有自己的生活，因此就太專注於第二春的戀情，而忽略了女兒仍然依賴及需要母親的需求。

「你自己這樣的分析沒有錯，單親家庭長大的孩子較沒安全感，她與你相依為命，在適應大學環境及社交生活的初始，經常見不到媽媽，有點孤單，正好男友出現，填補了她的空虛與依附需求，男友對她來說，是父母親及男友三角色集一身，非常重要，而在早餐桌上的兩對男女相會，乖乖覺得關係已公開，被媽媽及她男友默許，她投入的感情就更多，而且想得更遠了。」諮商師分析。

「您是說乖乖對我失望，又不願意打擾我們，所以將期望投注在男友身上，更加依附他了，她以為他就是她的全部，但當她知道男友積極準備出國時，整個人慌了，先去死纏，然後自殘，已經失去理性了。」

「是的，她欠缺的是愛，身邊親近人們的愛。她對你很矛盾，一方面希望媽媽有老來伴，一方面又覺得你把愛及關心都給了你男友，覺得母愛不夠，而男友不肯為她留在台灣，她覺得他根本不愛她，本來以為自己自他身上擁有一切，原來全是空的，就是這種巨大的欠缺感令她覺得人生無望，她以為輕生可以讓自己解脫，同時懲罰心愛的人，讓他們痛苦一輩子。」

「哎呀，傻孩子，她怎麼會這麼想呢？原來她欠缺的是愛，她有替我想到將來，卻不顧自己的將來，不過這個男友也做得太絕了吧！」安妮又開始哭。

「安妮，別忘記感情是無法勉強的，她男友也是用漸進的方式與她分手，是她任性不准人家考試阻擋他出國的，她男友後來就是覺得不對勁，才會打電話與你聯絡，他其實還是關心乖乖的。」諮商師提醒。

「哼！初戀就這麼不順利，以後怎麼辦？」母親擔心。

「這就是做母親的可以發揮之處啊！談戀愛不可能每次都順利，初戀之所以難忘就是它令人心碎。你自己可能就是要忘

卻不愉快的婚姻，也怕講太多會讓女兒對愛情卻步，所以很少和她談性愛、感情、婚姻的部分，你交男友很快樂，而以為她交男友也很開心，殊不知每一對男女的組合均不相同，中年人的感情至少較深沉，不像年輕人的激情浮動，對於心中感覺欠缺愛的女孩而言，她其實很需要分享及支持的。」

「啊呀，真糟糕，我給得太少了，也許就是我父母沒和我談過什麼男歡女愛之事，我才會選錯丈夫離婚，而我女兒居然比我還脆弱！」

「現代的年輕人早熟，但人生經驗與韌力均不夠，當期望無法實現時，就傷心難過痛苦，心中只有一個目標，就是我要的非要得到不可，太極端的作法，尤其是感情問題，只會損人不利己，所以才會有縱火、砍殺、分屍或自殺的情形出現。你女兒選擇自殺的方式是想一了百了，沒有勇氣面對問題對抗挫折。」

「所以我現在應該想辦法轉移乖乖的注意力，少跟我男友見面，多陪伴她，聽聽她說心裡的

話，讓她感受到母愛？」安妮有所領悟。

「這就對了，不要去罵她傻或癡，靜靜地聽她說她的故事及感覺，將心比心，不斷的同理她的感覺，她就會覺得媽媽懂得她的心，此時，你再告訴她，她還有媽媽，媽媽要陪她重新站起來。你一定要有耐心聽她講述與男友的交往及現在對他的感覺，然後你再指出不符實際情形的地方，讓她慢慢接受現實，給她溫暖的支持話語及肢體動作，而不是澆冷水。」

「那我要如何與她談性愛感情觀呢？」

「從你自己的經驗及性愛感情迷思談起，聽聽她說她所知道的事情，矯正她的迷思及非理性思考，母女倆一起看電影或閱讀有關性愛、感情、婚姻的書籍而討論。如果你倆建立了溝通的管道，分享心事情事，你就知道乖乖心裡想的是什麼，母女關係也就恢復親密了。」

結　語

媽媽立即停止外宿，晚上都在家陪著乖乖，周末還請男友伯倫過來陪乖乖聊天，談談男人的心理以及人生百態，男人也不例外，但不是天下烏鴉一般黑，其實乖乖以前的男友也不是

壞人，只是人各有志不能強求。乖乖感受到母親的用心及伯倫叔叔的關心，逐漸體會媽媽的愛，敞開心懷，靜靜地享受家庭溫暖。

媽媽打電話和美國的離婚丈夫商量，決定一人出一半經費於暑假送乖乖去洛杉磯遊學，學英文又可以見到爸爸，既可療傷又可以打開眼界。乖乖因為要出國見爸爸，也感到很興奮，注意力也就被轉移，每天低潮的時間愈來愈少了。

建 議

單親家庭的小孩因為缺乏父或母的角色模範及陪伴，心中感到有欠缺，對於同住母或父的需求及依賴也就更多，但是大部分的孩子表面上還是很依從父母的要求，為了不讓單親擔心，很多話都只跟同學說，也很快地交了異性朋友，尋求親密關係。

通常單親對於同性別的子女就不太談性愛、感情、婚姻的議題，更何況不同性別的子女，父母本來就不會說，又因自己的婚姻感情問題，不想去談這方

面的事，而子女也不知如何問起，所以這一區塊是個禁區。然而單親自己也有談戀愛及親密關係的需求，在從專注於自己的痛苦轉移到專注於自己快樂之時，往往以為子女是跟她（他）一樣的感覺，而忽略了他們心中五味雜陳的感受，以乖乖為例，除了母女關係疏離外，還有自己愈陷愈深的感情問題。

乖乖母女各帶男友回家住宿的行為的確很不妥當，安妮與伯倫的情感關係與乖乖及男友的兩性關係是不同的程度及認知，不可同日而語。安妮的感情關係若很穩定，伯倫才能留下來過夜，做母親的要替男友在家庭中定位，是叔叔，是長輩，既然來家中，就要以長輩的態度與乖乖相處，讓乖乖感到被重視與關心。

安妮畢竟是愛女情深，接受心理輔導並立刻採取補救措施，也請男友、前夫及乖乖的同學作為生力軍，一起來撫慰女兒受傷的身心，帶領她進入新的人生。父母親的愛，永遠不會太遲的。

13. 分手帶來的壓力

> 父母如何與子女談情說理 <

戀情轉折

「老師！老師！我好難過，我快受不了了，這兩個星期我吃不好、睡不著，一直打電話給阿德，他都說我們還是朋友，但再也不肯回到我身邊了，我快崩潰了，老師！」大偉急切的求助聲自電話的那一頭傳過來。

「大偉，你在開車嗎？開車講手機太危險了！」

「有免持聽筒啦，沒關係啦！老師，我好難過。」大偉哭聲令趙老師不可置信，高大健壯的男孩居然哭起來了！

「老師知道你一定很傷心痛苦，要不要過來談談？」

「我要趕去五德國小教小朋友籃球，只想在路上跟您說說話。老師，您是見過阿德的，那時候我們很好，志趣相投，為了慶祝他的生日及我們認識周年，我偷偷上網買瑪丹娜演唱會的票，一張台幣兩萬元；請他去大阪玩樂，回程還去東京順道遊，那是我最快樂的時光，他也對我信誓旦旦，說只愛我一人。」大偉邊說邊啜泣。

「是的，老師知道這是你的初戀，意義非凡，回憶無窮。」

「度假回來，我妹車禍，我幫媽媽照顧妹妹，再加上兩個國小的籃球密集訓練，我們比較少見面，他就嫌我陪他時間太少，自己出外找樂子，結果在Gay吧認識了一位社會人士，兩個人走得很近，我都不知道。清明節我媽腳扭到，要我自己去祭拜我爸，我就找他陪我去，他說堂哥、堂弟放假到台北來玩要盡地主之誼接待，所以我就自己去了。」

「我大學同班同學兼好友子建與家人去墾丁度假，他的房間對面，正好住著阿德與他的新男友，狀似親密地走出來，子建立刻打電話告訴我，我無法置信，打手機他不接，我整個人跌到深淵，回到家後關起房門大哭，驚動媽媽，她直覺地在門外問我是不是失戀？還一直問我是女生還是男生？我立刻警覺，擦乾眼淚，騙她說我沒談戀愛，是因考不及格被教授罵，心裡不好受，媽媽半信半疑。」

「老師，我不能在家裡哭，不能在學校哭，阿德又懶得理我，我只好在車上哭，

老師，謝謝您聽我說。」

　　大偉就這樣，每天離開家門及要回家的那段路上，打手機給高中時的導師趙老師，傾訴心裡的悲痛，持續了一星期，老師再度邀請他來當面聊聊，他總算抽空於一個晚上出現在老師家。

問 題 呈 現

　　大偉自小愛打籃球，身手矯健，球藝精湛，高中、大學均為校隊隊長，他長得人高馬大，卻在高三時因為自己的性導向議題來與非常疼愛他的級任導師趙老師深談，他獲得認同與支持後就心無旁騖地讀書，考上大學，同時也做了一個決定，至少在最近的將來，不會讓媽媽知道他的性導向，雖然他感覺到媽媽有在懷疑。

　　就讀大學的這三年間，大偉經常回高中探望趙老師，互道近況，並與學弟打籃球，因此趙老師對他的生活稍有了解。他課餘在社區幾個國小教小朋友打籃球，賺點車馬費當

生活費，平日很節省，存了一筆小錢，卻在與初戀戀人同遊日本時花光了，他本來不在意，因為愛情不是用金錢來購買或衡量的，但當他失去阿德後，真有人財兩頭空的感覺。

分手以來，大偉面臨的壓力來自三方面：

1. 被欺瞞、背叛的衝擊令他重新思考愛情的真義，腦子整天運轉不停，身心俱疲，作息也不正常。

2. 身為校隊隊長，他是領導人物，他必須在眾人面前強顏歡笑，絕不能讓人家知道男朋友跑掉了。

3. 在媽媽面前表現若無其事，裝作要奮發圖強念書，不敢在家裡哭，怕媽媽疑心。

「老師，我快受不了了，我該怎麼辦？」這就是大偉的問題。

分析與輔導

「大偉，出櫃的議題我們已經討論過，你既已做了決定，就不要去擔心，你的兩個好朋友連對你媽都守口如瓶。」老師安慰著。

「那我為什麼覺得整個世界都垮了，而

我還在那兒強撐著呢？」

「那是因為你分手後心中懷有太多的負面情緒，氣憤、委屈、憂傷、空虛、失落、不信任之外，甚至還擔心、困惑及懷疑，就因為是同志戀情所以更怕別人知道，其實同性戀、異性戀都一樣，感情的背叛與分手的受傷是需要時間、意志及勇氣來克服的，你說說看，已經多久了？」

「快兩個月了吧，度日如年，前途無亮光！」

「大偉，感情受到傷害的人，身在情緒之中，眼睛及心都看不到真相。你痛苦了好一陣子，哭也哭夠，講也講過，明知阿德不是好伴侶，你的欲求卻還停留在過去，一則不想承認分手，二則害怕別人知道戀情始末，只有在打電話給我時才是沒有防衛的你，如此的生活壓力怎麼會不大呢？你自己將壓力加諸在自己身上，且沉淪於各種負面情緒之中，度日如年是有可能，但前途無亮光可是你自己造成的哦！」

「但是我沒辦法不去想這件事啊！」

「是不為也非不能也。你以考試考壞要趕快念書補救來搪塞媽媽，看到隊友同學裝著笑臉，但心裡還在眷戀過去的感

情，既不肯好好愛自己，也沒有真心對待周遭的人，自己也變成兩面人，表面忙於領導球隊或K書，其實是個脆弱的男孩。」

「好像被您說中了，所以您的意思是說，我如果關心周遭人的需求，真心與他們互動，我的傷痛會逐漸減輕？」大偉若有所悟。

「是的，當你專注在他們身上時，人家會很感激你而給你回應，此時脆弱敏感的你，會有以前未有過的感受，那種同學隊友之間的感情，遠比愛情來得實在且不令人擔心。而你媽這邊呢？你不必對她說實話但也用不著撒謊，只要出自內心地對她說幾句感謝她關心的話，她的付出得到你的重視與認同，必定很感動。當你不再虛假或拒人於外時，你可以坦然地對他們說，『對不起，我現在不想談我的心事，等我整理好再說吧，謝謝你們關心，有你們陪伴，我覺得好多了。』這樣做是你自己在減壓，而減壓的同時也在自我療傷。」

「聽起來還滿神奇的，我得先減壓兼療傷？」大偉摘要地問。

「沒錯，也就是分手後的調適，的確需要時間、勇氣及

意志。調適可以自不同層面下手，在訴苦談心法這一層面，你找老師談話，並已逐漸接受分手的最壞狀況，就已經在做心理建設了；而在認知改變法這個層面，你本來就知曉自己的優點，也漸能接受事實，習慣現況，已經做得不錯，若還在想念阿德，不妨將分手合理化，也就是阿德自以為找到他更喜歡的人，那就表示他喜歡你不夠，你為什麼還要繼續喜歡他思念他？同時也可以盡量找出他的缺點，並將之放大，你就可以停止哀傷將他放掉的。」

結 語

幾次談話過後，大偉終於想通了，原來壓力是自己加諸自己的，他開始進行下一步的調適——情感昇華法，不再鑽牛角尖，決心將心思放在功課及學打籃球的小朋友身上，感覺比較有目標，而且還利用一個周末開車帶媽媽及妹妹去東勢洗溫泉，媽媽高興極了，急著享受天倫之樂，暫時放下兒子性導向的疑慮。大偉開始能夠正向思考，覺得自己因禍得福。失去愛情，找回

親情，有了緊密的親情，他有更大的勇氣等待下一個愛情，雖然路還很長。

建　議

父母若對大學生兒女交男女朋友抱持尊重及開放的態度，告訴他們談戀愛可以，但不要太速食，有父母的支持，子女有了要好朋友，他們會想帶回家與父母認識，大家聊聊；父母若全面禁止或大肆批評，孩子的戀情轉地下，親子之間就少了分享及溝通的一大區塊，這是現代大學生與父母之間最常見的現象，父母不了解孩子們在想什麼，也不知道他們到底如何談戀愛。

大偉因為是同志，在他沒有準備好出櫃之前他是不會向母親告知戀情始末，母親即便是本能的懷疑，也不要逼問或到處打聽，了解兒子的感覺並默默支持他最重要。有些父母其實知道但不說穿，一方面祝福兒子有個美好的人生，一方面自己暗中學習如何當同志子女的好父母，其實真的不容易，但是真正愛子女的父母是不怕吃苦的！

14. 拜託，不要分手

戀情轉折

當初兩人鬧得不可開交，主要是姍芝盯
得太緊，一天到晚手機遙控，彥齊覺得喘
不過氣來，很想逃離這份關係，正好因主
辦畢業旅行之籌備，認識了白天在旅行社
上班，晚上讀夜間部的玲玲，被她關愛的眼神、
燦爛的笑容及誘人的身材所吸引。談完公事之後就開著小紅跑
車載著她往陽明山公園遊玩，並在附近土雞城用餐，回來的路
上，玲玲有意無意地在車輛轉彎時靠過來，彥齊感受到陌生女
性的挑逗，新鮮刺激。

姍芝整晚無法打通彥齊的手機，憤怒異常，當晚就發了兩
通簡訊說要絕交，彥齊當然是到次日才開手機，看到自己被片
面分手，又氣又喜，氣的是姍芝還是如此任性，喜的是總算可
以呼吸自由的空氣。下課後不由自主地撥電話給玲玲，兩人吃
完牛肉麵後坐在車裡聊天，玲玲對彥齊的小紅車甚有好感，詢
問該車價格及為什麼父母會買車給彥齊開，還很好奇彥齊的家
世背景。

第三次見面玲玲邀請彥齊去她住的地方，因為不會做菜，

買了一些現成的菜肴及半打啤酒，一起用餐。晚上看電視看得很晚，彥齊打呵欠要回家，玲玲提議竟夜聊天。三更半夜兩人的身體愈來愈靠近，最後是彥齊受不了，玲玲也沒拒絕，兩人有了親密關係後，相擁而眠。此後兩人成為男女朋友，快

速發展，彥齊沉淪於玲玲的女性魅力與情慾挑逗，這是他與嫻芝在一起時不曾有的感覺，他以為這回他找對人了。一個月後，玲玲開口要彥齊替她付每月八千元的房租，彥齊感覺有點詭異，但被愛情沖昏頭了，還是付了一半。而每次出去約會，玲玲從未出過一毛錢，還要求彥齊買皮包、買衣服，好在彥齊有很豐厚的零用金，自己省一點就可支付女友的開支。

相處久了，彥齊覺得玲玲太世故，很愛表現，有時秀過頭，說話及行為很不得體。有一次去旅行社接她下班，正好聽到她跟客戶講電話，「您回來時可要幫我帶一個皮包啊！」，他心裡不是很舒服，也沒說什麼，但他才發現雖然玲玲月薪很低，穿的用的卻相當高級。過了不久，玲玲說她父親喜歡喝一斤三千元的烏龍茶，他生日快到了，建議彥齊買兩斤茶葉祝賀，討他歡心。彥齊想說初次拜訪長輩也該有伴手禮，就照做

了。只是過了兩個月，玲玲說她哥哥過生日，想送他一隻好一點的表，一萬元左右的，彥齊覺得很為難，因為他這幾個月已伸手向母親多要了好幾萬元，母親已經在警告他花錢太凶。

「這點錢你不會有困難吧！跟你媽美言幾句不就得了，你愛我當然就得愛屋及烏啊！幫我撐撐面子，不要給我丟臉，好嗎？親愛的！」玲玲撒嬌地說。聽在彥齊耳裡，才發現原來自己是玲玲的凱子男友，家裡有錢是老爸老媽賺得，就因為爸媽疼愛，才給很豐厚的零用錢，自己可是有骨氣的男人，大學畢業後就得自立更生，不想向家裡伸手要錢了，彥齊終於忍不住，說道：「對不起，你哥的生日禮物你自己買，才見過他一面，我只能送張生日卡。此外，我幫你付的房租到這個月為止，很抱歉，我自己還是學生，無能為力！」

「那你當初為什麼要答應我？你不愛我了是不是？你們男人都一樣，感情來得快去得快，還說什麼找到真愛，說得真好聽！」玲玲情急之下指控彥齊。

「我發現你的價值觀與我相差甚遠，我就是因為愛你，所以從未與你計較過金錢，約會也都我出錢，但你得寸進尺要我送東西給你家人，目前我辦不

到！真的很抱歉！」

「好嘛好嘛，你不用送，也不要替我付房租，但繼續像以前一樣地愛我好嗎？」玲玲更加撒嬌地來抱彥齊。

問 題 呈 現

彥齊難抵溫柔攻勢，玲玲身體的磨磨蹭蹭又讓他屈服了，只是關係中好像只剩下肉體的親密，彥齊總覺得缺少了什麼，心中開始有抗拒與防衛，玲玲也感覺出來，幾次哭著要彥齊不要離開她。

「我知道你不滿意我，我會改的，請你給我機會。」

「我當初要你付房租，是因為我不信任男人，錢能給我安全感，我是真愛你的，你命好，我命不好，生在貧苦家庭，畢竟我們相愛過，請你繼續愛我！」

彥齊明知玲玲的話有語病，不合邏輯，但看她梨花帶雨，總是有些不忍，乃打電話去趙老師諮商中心，他的問題是：「我該不該給玲玲一個機會？她也不是沒有優點啊，可是一想到她愛錢及在金錢上依賴男人的特質，我就是不舒服！」

「兩個家庭背景、思想及個性都相差如此之多，是否真的不能在一起？」

「我們的性生活非常活潑，很能配合，要跟她分開，我還真有點捨不得呢！」

「爸媽要是知道玲玲與我交往的情形，不把我罵死才怪！」

「跟玲玲分手，到底是對還是錯？」

分 析 與 輔 導

電話的那一頭，輔導員稱讚彥齊能對自己的感覺忠實，「不舒服」，「捨不得」，全是肺腑之言，打電話求助就是要面對及抒發情緒，才能處理因情緒而產生的行為。既然彥齊回想從過去到現在，與玲玲的互動中，只要牽涉到金錢的部分，他感覺到玲玲理所當然地認定男生要出錢，何況彥齊又是有錢人家的小孩，這種感覺愈來愈強烈，而彥齊喜歡的是純真、善良、慷慨，肯在各方面付出的活潑女孩，他就該趁此時刻決定取捨。

就是相處久了，才看清彼此的不相容

性。玲玲基本上不是壞

女孩，從小到大窮

怕了，父母強調錢

的重要性，灌輸她

找有錢人嫁的觀念，　　　　　　　因此她的人際關係

其實不單純，但她偏偏愛上還無事業基礎的純真男孩彥齊，期

望愛情與金錢能兼而有之。

「趙老師，是不是我一開始就把她寵壞了？可是剛認識時

我怎麼好意思跟她要錢，說一人出一半呢？」

「你是純學生，她是半工半讀，在女男平等的現代社會，

約會時的花費是可以提出來討論的：一人出一半、各出各的，

或者輪流付帳，除非有一方預先聲明要請客，如果當初你提出

來討論，很快地就會發現兩人觀念不同，而她對你的期待有落

差時，可能會打退堂鼓，也不會造成今天的局面了。」輔導員

一邊分析一邊教育彥齊。

「是啊，幫她付房租也是討價還價，最後是每月替她付

四千元，我並非心疼那些錢，只是覺得奇怪，還未談結婚就開

口要錢，但她又對我很好，我就沒再想太多，只是每次遇到她

提到錢時，我心裡就不舒服。」

「任何關係中，有一方有不對勁或不舒服的感覺，應當場向對方說出，共同探討造成此情緒的原因，才不會有誤會，關係才能走得順暢，而你只顧享受情慾，也誤導玲玲，讓她以為你是那種心甘情願為女性付出金錢的有錢男人，根本沒給她機會去了解你畢業後是想自食其力，不靠父母。所以你也不能全怪玲玲。關係發展至今，兩個人都有責任，基本上就是彼此並不合適。」

「那為什麼我會如此眷戀我們的親密關係呢？」

「玲玲是個有女性魅力的性感女孩，她對自己外表有自信，喜歡男人的追求，懂得調情挑逗，也很能享受性愛，你在這方面是被她引導、激發，走進感官新世界，其實你對玲玲『慾』的成分大於『愛』的成分而不自知，才會有捨不得的感覺。」

彥齊如夢初醒，直點頭，同意輔導員的話，「您的意思是，玲玲開發了我的情慾？我以前也有性關係，兩個不懂事的人在瞎摸索，那個時候我真的是不懂得享受，還想要擺布對方。那我以後和我的Miss Right還是可以享受性愛囉！這麼說我就不會覺得捨不得了，我想我可以離開玲玲了，這樣做應該

是對的吧！」

「分手無所謂對或錯，而是你自己要去決定：是否該分手、是否能分手，以及如何分手。重要的是給自己及對方一個誠實的理由分手。」

「我知道了，謝謝您！」彥齊總共談了三次，每次50分鐘。

結 語

玲玲每天三通電話問候彥齊，要他到她住處好好談，彥齊都說還要再想想。兩星期後，他約玲玲在陶坂屋吃和式西餐，溫和但老實地告訴他自己積壓已久的情緒來自兩人個性及觀念的不相容性，以及自己誤把激情當愛情，所以沒有辦法再走下去了。看到玲玲淚流滿面，他拉起她的手，輕聲說他曾因她的眼淚而心軟，但同情或動情並不能持久，都是一時的。

彥齊再三強調，「這分關係的開始帶給我們快樂，而關係的終結促使各人成長，分手又何嘗不是人生的另一個開始？讓

我們平和地說再見吧！也讓我們互相祝福！」

建　議

1. 父母親的人生價值觀往往在無形中傳遞給下一代，會影響到他們的戀愛及婚姻，因此父母要經常藉與子女的親密互動來檢視子女對許多事情的看法（包括性愛、感情及婚姻），以及自己的教育方式。

2. 成年子女談戀愛，通常很快就會進入親密關係，雖仍為新手，卻是雙方做而不談，尤其不會對父母說，其實心中有許多疑惑或誤解，父母不要急著去審判他們的性關係，反而要明示暗示，若想找人談這方面之事，父母的討論管道永遠是暢通的。

3. 孩子談戀愛時不會想到父母，要分手時經常以父母作為合理化的藉口，不論主動或被動分手，當事人都會因有失落感而內心想要找尋對父母的歸屬感，因此父母必須察言觀色，適時給予溫暖與支持，有助於他（她）的成長。

15. 分手後的枝節

戀情轉折

他們是班對，從大二到大三，度過快樂的時光，也是班上同學稱羨的一對，達仁高大俊帥，籃球高手，功課亦居全班之冠，辛梅清秀可人，活潑聰明，功課不落人後，表面上看來，兩人甚為匹配。然而大三下時，辛梅的父母催促她準備畢業後出國，要她去報考托福及GRE，以便申請美國大學研究所，辛梅知道這是父母對她的期望，也是自己自小到大的夢想，只是達仁必須要幫忙家裡的生意，無法長期離家，只能準備報考南部地區的研究所，這也是他父母的期望。

一想到還有一年就要離開心愛的男友，辛梅頗為不捨，說著說著，看著達仁溫柔但又無可奈何的眼神，她經常哭倒在達仁懷裡；辛梅不願違抗父母，也怕自己日後會後悔，因此不想改變人生目標，而達仁也是無法不顧身體狀況欠佳的父親，更怕強留辛梅會導致她父母的反彈，兩人經過多次懇談後，決定不讓將來的計畫妨礙雙方的生活。只想活在當下，享受相處的時刻。大四這一年，他們互相支持鼓勵，尊重各人所追求的目標，既像好友，又是戀人。

就在畢業前的一個月，媽媽告訴辛梅，爸爸的朋友已經在

洛杉磯找到一家聲譽頗佳的語言學校，
她不妨先去念英文，再念研究所。
無可避免的分離終於來臨，辛梅
理智地向達仁提分手，既然不能在
一起，不如在他當兵前先協議分手，雙方
做好朋友，以後如果有緣分再聚最好，否則同窗之誼、朋友之
情恆在。達仁面臨研究所落榜及女友將離去的雙重打擊，心情
壞到不行，只能緊抱著辛梅，嘴裡喃喃地說：「好朋友！好朋
友！」

　　兩個星期過去了，辛梅每隔一、兩天與達仁在MSN上通
話，互相問好，說說這幾天的近況，努力地想去適應沒有他的
一個人生活。某晚卻意外地接到好友秦臻的電話，告知學妹居
然向外放話，達仁於一星期前向她表白，她不知應不應該接
受。由於辛梅與學妹很熟，第一個反應就是撥電話去向學妹查
詢此事之真實性，學妹理直氣壯地說：「你和他都已經分手
了，他向我表白有什麼不對？」

　　辛梅非常震驚，眼淚泉湧，心想「雖說已分手，但那種
感覺還在，達仁居然可以一邊跟我很好，一邊去跟學妹示好，
她還是他口中的乾妹妹，我們三個人有時也一起吃飯，他怎能

如此對我，而她又早就對達仁有意思，事實為什麼如此殘酷呢？」在家實在無法專心念書準備畢業考，辛梅走進圖書館，一眼就看到達仁埋首K書，旁邊的座位放著書包，好像在替人占位子。

「怎麼？幫學妹占位子？」辛梅酸酸地問。

「我在等你來，我知道你會來，請聽我解釋好嗎？」達仁帶著乞求的眼光說著。辛梅坐卜來，眼睛望著他。

「我是有跟她說：『其實我對你也很好，我們不如湊成對吧！』，但我只是跟她鬧著玩的，沒有那個意思，你也知道學妹很愛說笑，一開始是她先跟我鬧著玩，說她對我好比我對她多得多、不公平等等，我才理所當然地鬧回去。」雖然達仁再三解釋，好言安撫辛梅，辛梅還是感覺到達仁與學妹是郎有意妹有情，心如刀割，但還是強自鎮定，藉口說與同學有約，離開圖書館，在路上正好碰見秦臻與她男友，他們異口同聲地批評達仁是花心大蘿蔔，即便有辛梅，還是經常向其他女生放電。

問題呈現

　　辛梅衝到學生諮商中心，面容憂戚眼眶充滿淚水，輔導老師將她列為緊急個案，優先處理。

　　「老師，分手才一星期，他怎麼可以馬上就向學妹表白？」

　　「如果他老早就對學妹有意思，那我們的感情又算什麼？」

　　「難道在一年前我們談到沒有將來時，達仁就開始尋找下一個目標？」

　　「老師，我是不是從頭開始就愛錯人了，爸媽不太喜歡他，是因為他家做小生意，說他格局不大，是不是一開始就該聽爸媽的話？」

　　「他怎麼可以對我這樣，說分就分，轉身就與別人打鬧？

　　　　　　　真的不像是我認識的他！」辛梅愈想愈多，

　　　　　　　已經開始鑽牛角尖了。

分析與輔導

「近三年的感情，你倆是否互相信任，相處愉快？」老師問道。

「是啊！所以我才捨不得啊！」

「達仁是否也有相同的感覺？」老師再問。

「至少在我們分手之前，他是真的對我很好！」辛梅肯定地說。

「分手之後他有對你不好嗎？」

辛梅搖頭說：「沒有，他還是寫e-mail給我，並在MSN上對談，但是他為什麼要向學妹表白呢？這種事可以鬧著玩的嗎？」

「你不是說達仁一向很有女性緣，很喜歡開玩笑，以前他和學妹就常鬧著玩？」辛梅聽了立刻點頭。

「是啊，真真假假，假假真真，就要看他們兩人以後的造化了！」老師意味深長地說。

「老師，您是說他倆以後有可能會在一起？」

「他們有先前的友誼及乾兄妹之情，達仁因與你分手而心

情不佳，有可能去找學妹抒發，而學妹為了要逗他開心，與他鬧著玩，達仁也就無心地說出『喜歡』及『湊成對』的話語，不論是說溜嘴或有意地，的確會對本來就對他有好感的學妹內心有所衝擊，而學妹告訴別人其實是想向外求證他說話的真實性，很不幸地，傳到你耳朵裡，造成已分手的你及達仁內心的翻騰。」

「他為什麼不能找我說，而非要去找學妹抒發？」辛梅無法諒解。

「是你先提分手的，他無法預測找你訴說的後果，而他也因為愛你才尊重你的決定，協議分手，內心當然不捨，但在不辜負父母的重託照顧生意，及成全你留學的心願，他所承受的壓力也夠大了。」

「我以為我們都說好了，各人都可以慢慢地調整心情。」

「在這方面你好像比達仁理性，而你也知道父母贊成你這樣做，達仁卻有苦無處訴，他當然不想告訴父母，礙於面子也不想向同學訴苦，只好轉向經常與你們在一起的學妹抒發情緒。」

「抒發情緒需要告白嗎？」辛梅氣憤未平。

「辛梅，你是要相信達仁，還是學妹，或者謠傳？」老師

提醒她。

「我是想相信達仁啊！」

「這就對了，既要好聚好散，就相信他吧！學妹顯然對他極有好感，你既已與達仁分手，也管不了那麼多了，那是學妹與他之間的事，而你現在在處理的是你與達仁之間的事。」

「我知道啊！但哪有那麼快的啊，才分手一星期而已！」辛梅心有不甘。

「你老是在時間點上打轉，就會把自己搞得很痛苦，本來只是玩笑語，學妹將它當真，是學妹急切而不是達仁，你就不要再以氣達仁來折磨自己，除了生活上、實質上的分手，情緒上也得保持距離，才能成為真正的朋友，別讓負面情緒將你們隔開太遠，又何況分手是要祝福對方的，不管達仁與誰交往，你都會希望他快樂，不是嗎？」

「唉！應該是吧，只是我還是很難接受這個『鬧著玩』的事件，我得慢慢接受現實，調整心情吧！」辛梅無奈地說。

「辛梅，你會後悔這段感情嗎？」老師再問。

「應該不會吧！」辛梅想了一想才回答。

「會就會，不會就不會，你要肯定自己的感情。父母的話固然要作參考，但談戀愛的人是你，只有你最了解自己所交往之人及你倆互動的感覺。既然不會後悔這段感情關係，你倆真的相愛過，那就值得了。」老師看見辛梅眼中閃著淚光。

結 語

第三次晤談時，辛梅沒有出現，卻請同學送來一封信，輔導老師打開一看，裡面寫著：「我靜下心來，與達仁好好地談過了，終於發現他的誠意了，經過這一件事，我覺得自己成熟了一點。求證比猜疑來的快活，原諒比怨恨來的輕鬆，一件突發事件，讓我從少女的愛情夢裡驚醒，但一顆成熟的心，讓我有清醒的頭腦跟勇氣去處理這樣的事情，雖然我們不再是男女朋友，但至少還是朋友。老師，謝謝您的關心，現在的我很好，雖然受傷的心仍不定

時的隱隱作痛，但我知道我自己該面對的是什麼。接下來是我該全心努力自己的課業與未來，感情的事就該先放下了。」

建　議

父母對子女都有期望，視他們的生涯規畫比感情關係還重要，倘若子女交了不符合長輩條件的異性朋友，父母不是大力勸阻就是冷眼旁觀，而不是以引導的方式帶領孩子去探討未來的可能性，然後讓孩子自己作決定。

案例中辛梅的父母早就知道達仁的家庭是不可能讓他出國深造的，一直冷言告訴辛梅這種戀情是不會有結果的，所以她從未想過去爭取自己的幸福；而達仁的父母也不想要富家嬌女來當媳婦，對兒子交辛梅漠不關心，只是一味地強調長子對家庭的責任，以至於他在分手時，有苦無處訴，第一個要找的人居然是對他有意的學妹，有如要抓住一根浮木。

因此，不論你是否喜歡你子女交友的對象，試著做他們的朋友，以中性字眼及溫和口氣分析可以預見的困難，討論一些相關的議題，聆聽他們的心聲，分享其喜、怒、哀、樂，耐心地陪他們學習承擔責任並自我成長。

16. 以退為進

> 父母如何與子女談情說理 <

戀 情 轉 折

「當初是她先提分手的，僅僅因為我有早上第一堂課，沒有辦法繞道去接她，有時下午又要練籃球，不能陪她吃晚飯送她回家，儘管我費盡脣舌解釋、道歉，她還是認定我不夠愛她，這學期故意選一大早的課，又不肯退出籃球隊。很過分的是，居然在籃球隊聚餐時，將一大包東西丟給我隊友，要他轉交給我，打開一看，一疊我寫給她的情書、卡片以及我送她的一些禮物。」友華想起三個月前的情形。

「球友們都知道我們吵架了，有人勸我要讓她，努力去適應她，也有人說她太任性、太理所當然，不交也罷。我回家看著以前寫給她的情書，想起剛認識時的種種，我的確付出很多，早晚接送，在她家門口等她出門長達半小時，因她要化妝；在學校等她上最後一堂課，星期一、四她去家教時，我在附近咖啡館看書等她，就是為了爭取時間與她相處。她是我心目中的美人，只要看到她，在她身邊我就覺得好滿足。」

「我想了很久，不想放棄這分感情，為了讓她息怒，我連

續兩周蹺第一堂課，也請假不練籃球，小心翼翼陪伴她，她才破涕為笑，只是我心裡開始有負擔，覺得對不起對我有期望的老師及教練。只是她的笑容及柔情將我整個人融化了，她主動親近我挑逗我，我們終於有了親密關係，當時我還覺得贏得美人心，兩人過了一個月甜蜜的日子。」友華娓娓道來。

「她說想要擁有一支有視訊及相機的手機，父母給的壓歲錢還有五千元，想向我借四千元，我知道此借必會像她以往的借款，雖是數百元，卻是有去無還，但因喜歡她，想滿足她的需求，乃告訴她，再等兩個月才有錢，這兩個月在系辦公室工讀的收入是要買一隻手表給妹妹，她手表壞了之後，沒表很不方便。沒想到女友立刻變臉，問我為什麼妹妹不能等，而要她等？」

「更糟的是，我高中時的女友打電話來約我和幾個同學一起去看高中老師，她得乳癌動手術住院，女友居然吃醋，不分青紅皂白，用我的手機回撥，興師問罪，要她以後不要再來騷擾前男友。」友華愈說愈激動，「因為她的種種不講理的行為讓我感受不到她的優點了，有一次吵架還說我媽50幾歲還剪娃娃頭裝年輕，我的

　　　＞ 父母如何與子女談情說理 ＜

忍耐到了極點，向她吼著要分手，從此三天沒有理她。」

「那天她神色倉皇地來我教室等我下課，我本來不想理她，但看她以右手搗著左手腕，拉開她右手，赫然發現左手腕在流血，原來她以刀片割腕，我才恍然大悟，她對前男友也是這種手法，怪不得她左手腕有一些傷痕，經常戴著編織手環遮掩，當時我當然是好言相勸，帶她回家擦藥裹傷，在房間裡她哭著要和我親熱，我哪有心情？又引發小爭吵，被我媽聽見了。晚上質問我，我只好全盤托出，媽媽說這女孩是危險炸彈，要我盡速斷交，我則對她是又憐、又氣、又怕，真不知她會做出什麼事來。」友華非常擔心。

問題呈現

「相處愈久，彼此的不相容性愈凸顯，我是盡量去配合她，但她都沒替我著想，強我所難，雖然她仍有優點，但她的個性及作風令我受不了，我想打退堂鼓，卻不知該如何進行？」

「當初她不是向我提過分手嗎？現在我說要分手她為何不肯？」

「她有割腕的前科及現在行為，她會不會真的自殺？我不殺伯仁，伯仁由我而死，她的父母一定不會饒我的，而世人又將如何看待我？」

「我是否該與她父母談談，請他們幫助她？」

一連串的問題出自友華口中，輔導老師就知道他目前一定不知所措，很想要尋求答案。

分 析 與 輔 導

老師分析女友的個性是以自我為中心，一切以私欲為出發點，父母雖疼她，但仍有權威性及經濟控制權，她不敢撒野；而友華在追求她時表現得真誠、殷勤，處處為她著想，她乃認定友華是可以幫助她達到需求的男友，尤其在有了親密關係之後，她要求友華事事以她為主，而且社交也需受她管制，她的負面人格特質在友華身上發揮無遺；而男女交往，本來是以平等為出發點，各自為對方著想，付出關心與照顧，同時也得到

同樣的回收，此種互動形成的愛情才能甜蜜穩定。

　　女友先前曾提分手是以退為進，她知道尚在追求階段的友華很怕失去她，乃將情書及禮物託人歸還，意思就是給友華警告，而友華因為很想圓自己的愛情夢，雖然有些受窘卻不願放棄追求，乃做了一些小犧牲，贏回美人心。其實女友是在試探他，若他也回應分手，則此君不是聽話之人，並非自己可驅使之對象，不要也罷。

　　兩人雖是學生，女友卻在友華身上予取予求，時間、金錢、愛心，都是友華心甘情願的奉獻，然而感情的付出並不均

衡，爭吵衝突愈來愈多時，女友認為只有友華順從才是愛她，而友華卻因一再被強求而對她的感覺愈淡，再加上女友來割腕這一招，令友華很想要逃開。

　　輔導老師要友華不要害怕及驚慌，自己又沒做錯事，若先亂了陣腳，就無法處理關係的終結。從常理判斷，女友割腕必然是輕割幾道，只是要嚇嚇男友，以便控制，從前的男友後來一定也不吃她那一套才離開她，她還不是一樣再交新男友。她是在試探友華，如果這招管用，就會成為她的利器，因此輔導老師鼓勵友華好好與女友談談，明白指出

割不割腕是無法改變兩人個性差異太大很難繼續下去的事實，身體髮膚受之父母，雖說有身體自主權，但絕不能自殘，這是對自己的不尊重也是對他人的威脅，並打擊父母的心。通常男友都會因害怕而逃開，或者勉強再交往一陣子，沒有人會從愛護她的觀點來勸她；尤其告訴她，女孩都愛美，若為了出氣而殘害自己的皮膚也是不值得的，每一個人看了都會心痛的，只有先愛自己才有能力去愛別人，別人也會因此而更愛你！

輔導老師相信友華若有勇氣，用耐心及愛心與女友懇談，她會覺得被真正關心而感動，然後友華可以提出和平分手的想法，催促她一起來諮商中心作分手諮商，在老師面前抒發鬱積，談談過去，化解現在的恩怨，展望將來。女友若肯同來，則一切容易解決，她若肯來作個別諮商亦表示她有自覺，願意尋求安慰及自我成長，否則友華可能要再多花點時間與她多次談話，先穩住她的情緒，若有必要只好通知女友家人看管她勸告她，以免她再割腕或演出輕生的悲劇。

每個人的生命都掌握在自己手中，快樂亦然。自己無法快樂還要去摧毀別人的快樂，自然就沒有朋友，伴侶也會離她而

去，而友華是個秉性善良且熱情的年輕男孩，他願意盡力地處理關係的終結並面對女友，已經做了他該做的。倘若覺得還是無力，仍然擔心女友會做傻事，就得先向輔導中心報備，然後請他父母來承接她的情緒與行為了。

結 語

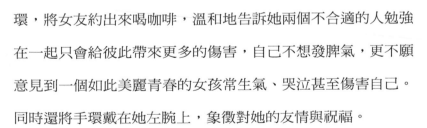

　　友華經過四次的晤談之後，深切了解攻心為上的道理，知道女友因衝突不斷且多次目的未達到而累積許多負面情緒，解鈴還需繫鈴人，他願意先去安撫其情緒。於是他買了一個漂亮鮮豔的線織手環，將女友約出來喝咖啡，溫和地告訴她兩個不合適的人勉強在一起只會給彼此帶來更多的傷害，自己不想發脾氣，更不願意見到一個如此美麗青春的女孩常生氣、哭泣甚至傷害自己。同時還將手環戴在她左腕上，象徵對她的友情與祝福。

　　他們談了三小時，女友淚流滿面地離開，臉上戴著辛酸的笑容。此後他倆經常互發e-mail，她告訴他，沒有過去這段感情經驗，她永遠不會成長，現在的她深切了解到許多事情是不

可強求的。

建 議

1. 兒子追求女友時，生活起居必有些變化，如早出晚歸、經常講電話、汽油錢花費多、零用錢經常不夠等，父母不是出言抱怨或警告，而是先試探地問是否有心儀的對象，表現出欣慰及支持，並表達願意分享他的心事及困難。只要不是嘲諷或反對，兒子很快樂或陷入困境時會向父母尋求忠告的。

2. 女兒談戀愛時父母也應該可以察覺日常生活中的變化，如經常外出、手機響個不停、注意穿衣打扮、有時會發呆等，父母不妨請她邀請男友來家裡坐坐，藉機觀察他們的互動。在女兒面前即使不欣賞她男友，也不出惡言，偶爾提醒一、兩句在男友身上看到的特質，讓她朝這些方面多觀察多體會。

3. 父母對子女的身體要多察言觀色，若舉止有異或身上有傷痕，不可嚴加詰問，而是以心疼及關心的方式去了解，他們便會放下心防而道出原委，父母才能及早使力幫上忙。

17.

自責

　　　> 父母如何與子女談情說理 <

戀情轉折

家興敘述他青澀之愛：

「大弘、絲竹及我是國中班上前三名，號稱鐵三角，畢業後三人就讀不同的高中，但還是常在一起，我逐漸發現，原來大弘跟我一樣想要追求絲竹，我們三人的關係變得很微妙，直到考大學的前一個月，絲竹與大弘手牽手在逛夜市，卻被我在無意中撞見了，我哭著回家，寫了一封長信祝福絲竹，從此避與他倆相見。」

「大學放榜，大弘考上國立大學，我上了私立學校，絲竹竟然落榜了，我去電安慰，她一聽是我聲音就掛斷，連試三次都被拒絕，也就死了要安慰她的心。半年後由國中同學嘴裡聽說絲竹得了憂鬱症，而且大弘也不再出現在她身旁。我很自責，是不是我主動斷交傷了絲竹的心，她的憂鬱症是因為沒考上大學，還是由於情傷？我是否在她的憂鬱症中扮演了推手的角色？我曾去找她父母，請求他們讓我與她談，但他們以絲竹在靜養不宜見客為由回絕了我，就這樣咫尺天涯，我兩年未見到她了。」

「就在此時大四的學姊今晶闖進我的生活，她長得嬌小，舉手投足很像絲竹，與前任男友分手後心中蘊藏幾許憂愁，且在感情方面愈來愈沒有自信，我們通了一個月e-mail，講了好幾個周末夜不眠的電話，在中秋節那一晚雙方承認是男女朋友，而後姊弟戀的消息也在系上不脛而走。」

「那陣子是我們最快樂的時光，同進同出學校，相對用餐，並肩聊心事，且企圖撫慰對方受傷的心，而在功課方面也是互相激勵，我的生活非常充實。一直到大弘出現，告訴我絲竹得憂鬱症是因為做了人工流產後沒有安全感，整天吵鬧，他受不了才離開她，但也因此自責至今，希望我以國中同學好友的身分去勸勸她。」

「我苦惱極了，也傷心到不行，今晶獲悉後不安全感作祟，禁止我去找絲竹，還指控我根本就忘不了她，人家愛的是大弘，說我一廂情願不悔悟，還拿學姊她作替身，我真是氣不過，想用手去搗她的烏鴉嘴，她居然打我一個巴掌。她看到我撫臉掉淚，還火上加油說我心中只有絲竹沒有她，我當時真後悔，以前為什麼要告訴她那麼多自己的前塵往事，也沒想到絲

竹居然變成她的假想敵人。」

「畢竟我倆還是有感情的，自此之後，雙方客客氣氣，誰也不敢去觸地雷，每天作息照常，那分親密感卻不見了，在她畢業典禮那一天我提出分手了，我認為是個里程碑，她卻說我殘忍，選在這一天分手，就這樣我們真的分手了，將近半年完全沒有聯絡。」

「後來我聽說她在台北找工作不是很順利，回南部老家附近看看有無工作機會，我也暫時無心交女朋友，想要專心準備考研究所，卻老是靜不下心來，總覺得自己對不起這兩個女孩，她們在我生命中都占極重要的地位，常捫心自問，如果一切重來，我該怎麼做才是對的，對自己的兩性關係也愈來愈沒信心了。」

問 題 呈 現

家興因為無法專心K書而來到諮商中心求助，諮商師眼見他還陷在分手後的情緒中，乃讓他填答「分手衝擊量表」，其中他得分最高的八題分列如下：

1. 分手讓我的自信開始動搖。

2. 我仍然感到強烈的自責。

3. 我感覺到朋友及同學都會怪我，很有罪惡感。

4. 分手後有一些罪惡感，好像她變得不好是我的責任。

5. 這次分手，我覺得別人對我的誤解變大了。

6. 我知道我深深地傷害了她。

7. 我沒有把分手的理由說清楚，反而造成更大的傷害。

8. 經歷這次的分手，才知道自己的欠思考與不成熟。

　　由填答問卷結果，諮商師發現家興在「自責」一項得分滿分，亦即他對於主動與今晶分手感到非常自責，而在詢問之下，得知家興竟然將考上大學之前，主動與絲竹及大弘斷交之舉，亦視為分手之行為。

分 析 與 輔 導

　　諮商師指出家興其實是很感情用事，經不起刺激，挫折容忍度低，雖然心地善良也多情，卻不懂得主動表達誠心與愛

意。當然絲竹因為未接收到家興喜歡她的訊息，卻很明白地看到大弘對她的追求，所以接納了大弘，導致家興的自我斷交與封閉；絲竹大概也無法承受突如其來的打擊，為了維持自尊，也就不願意理睬家興了，家興與絲竹之間只有友誼，兩人並未談過戀愛，因此稱不上分手。友誼的捨棄令大弘惋惜，使絲竹受傷，家興自己也是心痛，這都是大家溝通不良，心存成見。其實每一個人都得對這三人友誼負起責任，並非家興一個人的過錯，何況家興後來在絲竹有難時兩度想去探望、安慰，均不得相見，至少他有釋放出善意，想要挽回友誼，家興有在做正確的事，因此大可不必太自責。

至於與今晶的關係的本質則有點複雜，兩個帶有傷痕的男女相遇，正是最需撫慰之時，以互相陳述從前感情傷痛來交換新的感情，而不是去發現彼此的優點來產生情愫，尤其家興又因今晶的舉手投足與絲竹相似，他以為可以自在與她相處，並彌補他心中未能與絲竹相知相伴的遺憾。這分感情的動機不正確，出發點不恰當，一開始就已經在醞釀以後的衝突了。

大弘的出現帶來絲竹的近況，引爆了今晶與家興基礎本來

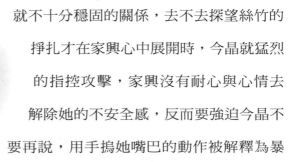

就不十分穩固的關係，去不去探望絲竹的掙扎才在家興心中展開時，今晶就猛烈的指控攻擊，家興沒有耐心與心情去解除她的不安全感，反而要強迫今晶不要再說，用手搗她嘴巴的動作被解釋為暴力的前兆，她才會本能地向他摑掌。更糟的是，雙方都缺乏化解衝突的能力，衝動過後一片平靜，誰也不敢也不願再提這件事，但就是愈不說，心結更深，怨恨還在。

其實雙方都知道沒有能力去修補對方的心，各人都在忍受自己心中的傷口，家興主動提分手，正好解決兩個人的問題，只是畢業典禮那天實在不是好時機，在家興決定硬將傷口縫上時，卻是用刀在今晶心頭再重重地畫了一下。當時憑一股魯莽的衝動，後來聽說今晶過得並不好時又開始自責。諮商師勸告家興，他的確要為自己選錯日子分手而後悔，但不必替今晶的人生負責，找事不順利是她自己的事，今天今晶若還和他一起，難道就事事順利？同樣地，絲竹的生活也是她自己要過，家興不必想太多，但他可以決定以後要如何去面對她。

諮商師安慰家興，不要老是責怪自己，人生難免有許多負面經驗，尤其在兩性關係中，一只碗敲不響，雙方互動不良才

會造成關係瓦解，若能記取負面經驗，化為正面教訓，在往後的人生中不重蹈覆轍，就是成功了；能思考、肯學習就是自我成長，自信心也會隨之提升。

結　語

起初家興還聽不太進去諮商師的話，但在做過「分手衝擊量表」，並聽過完整的解釋結果後，他看到自己有太多的自責，老是陷在過去的事件及當今追悔的情緒中，以致失去自我控制感，無法專心念書，缺乏耐心，容易情緒用事，這些事實給他當頭一棒，他決定要清醒地、努力地去修正自己的人格特質。

他感謝諮商師的陪伴，祛除他的自責，促發他的自我了解。

建 議

1. 父母應以身作則，夫妻之間表達愛意，親子之間傳達關心，子女自小到大感受親情溫暖，感情自然流露，適時適地，是為人格成熟的指標之一。

2. 孩子不幸得了憂鬱症，父母必然心疼驚慌，找精神科醫師開藥，看臨床心理師晤談固然必須，父母的適度關心與適時陪伴才更重要，藉言談之間找出得病根源，如失意、分手等，才容易對症下藥，引導回正常心態。

3. 任何年齡層的男女，面臨分手，不論是主動、被動，都有情緒上的背負以及心靈的創傷，父母千萬不要以為年輕人分分合合是常事，一定要以嚴肅的態度、溫和的口吻及許多的耐心，試圖走進他（她）的內心世界，與他（她）相伴。

18. 分手波及他人

戀 情 轉 折

　　巧津知道老哥喜歡她高中同學佳玟，而佳玟也對他印象不錯，乃故意製造機會撮合，三個人出去玩了幾次，老哥在妹妹的鼓勵下開始和佳玟上MSN對談及講網路電話，剛開始的話題都繞在巧津身上，後來也就逐漸聚焦在彼此的一切。感情的發展循序漸進，兩人均享受穩定的男女朋友關係。

　　有一天老哥氣急敗壞地問巧津為何沒告訴他，佳玟以前有過男友，是現在大學同班同學，儘管巧津強調已經是一年前的事，他們兩人目前只是同窗之誼，老哥就是不准佳玟去參加班上的畢業旅行──泰國五天四夜，佳玟為此哭紅了眼，直對巧津抱怨，父母都准了，為何男友不准？她和前男友又不會怎樣，為何如此不信任她？

　　為了老哥，佳玟放棄畢業旅行，因此，老哥更加對她百般疼愛，只是老哥覺得她英文實在太破了，慫恿她暑假去補英文，佳玟表示英文當然要進修，但她要去的是空姐補習班，準備半年後畢業前報考空姐。老哥聽了立刻變臉，「我的女朋友是不可以當空姐的，飛機上的高級女傭及任人挑選的女伴！門都沒有！」巧津及佳玟都沒想到老哥竟然是如此的大男人主義

者。

　　佳玟鐵了心，非要去報名繳費不可，與老哥大吵了一架，在網路部落格上抒發情緒，班上幾個同學有回應，有人支持她報考空姐，因這是人人稱羨的行業，亦有人認為安全顧慮，不須冒險。前男友也寫了一段話鼓勵佳玟追求自己的人生目標，不巧就被老哥看到了，質問佳玟是否還和前男友偷偷來往，要考空姐是否受他影響等，佳玟有口說不清，氣得眼淚直流。

　　佳玟告訴巧津，老哥實在是男性沙豬，認為女性受高等教育是為了與男性溝通無礙，上職場是為了進入雙薪涯家庭，但家庭中還是要以男性為主宰，他就是出自這樣的家庭，父母婚姻也是很不錯。巧津驚覺哥哥原來是如此的粗心及自以為是，媽媽一直都在忍受爸爸的大男人作風，是為了這個家的安寧與穩定，才盡量去配合丈夫的。

　　老哥與佳玟交往才不到一年，個性的不相容性隨著每日的互動一一顯現，佳玟曾經要求兩人冷靜一個月思考是否要繼續，老哥很激動地強調自己對她的愛，以致佳玟心軟而作罷，但是過沒多久，老哥的管束及干涉又讓她受不了。正好此時前男

友與新女友分手，又前來找她要求復合，佳玟在很想脫離老哥的急切心情下，很快地投入前男友的懷抱，還一直要求巧津去安撫可能會發狂的老哥。

老哥果然發狂了，不斷地咒責佳玟水性楊花，拿他來填補空虛，遊戲人間，騙了他真情；一直責怪妹妹交友不慎，害了親哥哥，催促巧津與佳玟絕交；然而老哥既不想知道佳玟近況，卻常問妹妹那個女人現在是不是很快活。好幾個晚上他把自己關在房裡喝悶酒，音樂放得很大聲，周末時還找同學去Pub喝得酩酊大醉，回家還吐了滿地，連媽媽也開始怪巧津是始作俑者。

巧津覺得好委屈，若不是他交了女朋友，自己也從來不知道老哥是如此的大男人主義，他可能也沒發現他是如何困難地與媽媽妹妹以外的女性相處。而最令巧津不可置信的是，她在老哥房間發現老哥將佳玟的照片自電腦檔案中印出來，上面用針刺滿了洞，旁邊還寫了好幾個「報應」字眼。

問 題 呈 現

　　「這是老哥的舉止嗎？他是不是有問題？怎麼會如此的心狠手辣？他是我認識的親哥哥嗎？他這樣做到底有什麼用？」一連串的問句在巧津腦中出現。

　　巧津煩惱極了，自己已經受到驚嚇，當然不能告知爸媽，以免他們受到驚嚇，而這種事又很難向別人開口，放在心裡又很難過，真沒想到自己居然捲入老哥與佳玟的分手事件中不得脫身，而且還兩面不討好，真是有夠衰。

　　靈機一動何不去找輔導老師談談，原來以為自己一輩子都不需要光臨學生諮商中心，卻沒想到第一次上門是為了自己哥哥的事。

　　「老師，我真的不明白我哥為何會有這種怪異舉止，他這樣正常嗎？」

　　「我能幫他什麼忙嗎？」

　　「如果佳玟與他復合，對他有幫助嗎？」

　　「老師，我是否做錯了？」

分 析 與 輔 導

　　輔導老師先安慰巧津，請她不要自責，當初是好意，一個是老哥，一個是好友，穿針引線，成全他們各自的願望讓他們變得較熟悉，而往後的互動就要看他們倆如何去調適了。介紹是沒有掛保單的，情侶之間的衝突當事人必須發展化解的共識與能力，而有時個性上的南轅北轍則會變成因了解而分開。老哥是個不折不扣的年輕大男人，而佳玟雖不是大女人，卻也無法變成老哥期待的小女人。

　　他倆其實並不合適，當初彼此的吸引力已經被觀念的差異覆蓋，基本的不相容性令這分關係走得崎嶇，而佳玟礙著巧津的面子，盡量去配合老哥；老哥則為了自尊，想要留住佳玟，關係到後來有點拖拖拉拉，本來因認清不合而協議分手是可以和平落幕的，但前男友的進來攪局，以及佳玟因急於離開老哥而以前男友為攀抓的浮木，確實使得這分關係結束得很難看，佳玟得到暫時的庇護與休息，老哥卻是被砍得滿身傷痕。

　　輔導老師引導巧津跳脫自己的立場，試圖分別進入佳玟及老哥的內心世界來看這分關係。哥哥對佳玟是有感情的，只是他不知如何尊重女性，設身處地為她著想，總以為女孩順從才

是美德，而且覺得女友跑掉太沒面子，所以傷得更重，他的憤怒已經蓋過傷心；再加上對於自己的沙文作風毫無自覺，內心覺得敗在前男友手下很不甘心，但他絕對不會去提「前男友」這三個字，他寧可將所有的怒氣集中在佳玟身上，才會不斷地咒責她水性楊花、胃口改變等難聽字眼。

失戀的人被各種負面情緒籠罩，如失落、傷心、痛苦、怨恨、不甘、失望，甚至絕望，太多太重的負面情緒難以承受，老哥為了逃避，才會喝酒，想要消愁忘憂，但醒來時還是一樣的不好過，仍有失落感，而看到妹妹就會聯想到佳玟，心頭又是一把火，免不了嘮叨怪罪，這都是暫時的現象。就因為老哥是大男人型，只會罵人，不懂得傾訴感覺與心事，心中對佳玟的怨恨無處抒發，而他本質上是個好人，不會去傷害對方，但又受不了心頭積怨，情急之下想出了以針戳佳玟人像的古老方法來洩怒，這是一種儀式性的行為，通常儀式過後，情緒也就紓解了，因此短期使用的確可以平息心中怒火，老哥這種私下的洩怒行為並非不正常，只是要注意他是否長期如此，仇恨太深，只會苦自己並影響未來的生活。

佳玟與老哥本來就不合適，當事人不會想要破鏡重圓，所以老師就勸巧津不要往這方面去想，至於如何幫助哥哥，則可

以往下列幾個方向去努力：

1. 做他的朋友，而不是妹妹，不是認為「哥哥你該這樣做，哥哥你該那樣做」，而是陪他散心、打球、吃飯，讓他感到有支持有陪伴。

2. 言談之間以中性字眼指出哥哥的一些沙文主義觀念，不是說他不好，而是他若能這樣做，在人際關係或兩性相處方面就會更順暢。

3. 以紙條或口頭詢問他想不想談談與佳玟的關係，勸他忘掉佳玟的好及不好，她只是生命中的一個過客，自己的未來生活才更重要。

4. 鼓勵他去作諮商晤談，尋找自己，了解自我。

結　語

　　與輔導老師談過兩次之後，巧津心裡輕鬆多了，她才了解分手的雙方原來可以如此地難過以及老哥的不堪，她從不諒解到同情老哥，她不再罵他亂發脾氣了，裝著完全不知道他戳佳玟相片的儀式性行為，經常削水果拿進房間與他共食，還送兩

張自己心愛的CD給他，並常找他出去散步買冰淇淋，專注在兄妹之情。

老哥當然感覺到妹妹對他的好，終於開口問了一句令巧津極感驚訝之話，「以前佳玟常說我是大男人，我真的那麼大男人嗎？」，巧津笑著回答，「哥，從今開始，我扮演大女人，你當小男人，試試我們的互動如何？」哥哥先是一愣，然後兄妹倆相視大笑，巧津放心了，原來哥哥在一陣傷痛之後已經可以正常思考了。

建　議

1. 男女朋友一邊交往，一邊適應，爭吵是難免的，但在此案例中，老哥與佳玟間的重大衝突，如不准去畢業旅行及反對考空姐，父母沒有所聞，則顯示出親子之間的互動不夠緊密；父母若有所聞，當然要教導兒子不能剝奪女友參加畢業旅行的權利，要信任女友，對自己的愛情更要有信心。父母適時的正向介入對年輕人的關係發展是可以加分的。

2. 父母當然不希望兒子下一個戀情再失敗，從兒子身上可以看出自己無形中加諸在子女身上的傳統性別角色教育，經由他們的建議就先從自己改變起，則子女易受感動也會跟著受影響，而願意改變自己。

19. 離開心更寬

> 父母如何與子女談情說理 <

戀 情 轉 折

李品在高中時就瞞著家人與同學宛幸交往，兩小無猜，都是利用下課後短短的時間交談，到了周末在圖書館碰面溫書，享受一起吃午飯或溜去看電影的樂趣。而兩人也都各自考上理想的國立大學，對於進大學後可以公然交往，宛幸開心極了，爸媽很開明，要她多交往幾個男孩，但不要火速進展，宛幸的心裡只有李品，總是希望課餘時能多與他相處。

周末假日是宛幸最盼望的日子，兩人相約出去玩，有時還去對方家裡坐坐，甚至留下來吃晚飯。李品對宛幸父母的以禮相待覺得很自在，有點擔心自己父母對宛幸的品頭論足及太多期望，好在爸爸只丟下一句話，「交交看再說吧，不要亂搞哦！」，他才敢公開地與宛幸講電話及約會。

雖然李品為人細心體貼，對宛幸關心有加，也常寫些動人的電子情書，宛幸愈來愈覺得李品的心不是完全在她身上，好幾次都已經約好要去郊遊或去找朋友玩，李品都臨時打電話來說家裡有事無法赴約，當然他在事後會道歉另找時間陪伴宛

幸，但宛幸發現他所謂的家裡有事，居然是媽媽要去醫院拿藥，姊姊要他陪上傳統市場買菜、提菜，因家中有客人要來，或者爸爸要他開車去國內機場接朋友。這些事情自己的父母都可以處理，她哥哥可是一天到晚在外逍遙遊。

更離譜的是，有一次兩人在餐廳吃中飯，李品的手機響起來，媽媽說家裡的小狗要送去剪毛，已經約好時間了，李品聽完將豬排匆匆入口，擦了嘴巴丟下錢給宛幸，就立刻趕回家。宛幸從未見過這樣隨時待命的兒子，心中開始產生不滿，隨著約會的次數愈多，類似這樣的情形也愈常發生。李品總是將家裡的事情擺第一，自己的事情次之。

宛幸就此議題與李品討論過很多次，宛幸覺得李品缺乏自我，連帶她覺得自己沒有被他尊重，約會不是被放鴿子就是被打斷，而他卻理所當然地以家人的需求為重。由於是李品與家人的互動自小到大都非常緊密，他並沒有覺得這樣不好，何況他認為能夠接納他的一切的女孩，他才能娶進門，以後全家人才能和樂相處，反而勸告宛幸不要計較太多，如果雙方都有意發展關係，兩人可以有一輩子的時間相處。

爭吵又爭吵，溝通又溝通，看到宛幸如此生氣與痛苦，李品心中萬分難過，但他就是無法將他與宛幸的事情放在第一

位，總覺得自己是小輩，約會是家裡事情忙完之後才可以做之事。宛幸看他如此冥頑不靈，對家庭的觀念如此僵化，一再地問他，「你覺得以後我若嫁到你家，我會快樂嗎？」李品天真地安慰宛幸想太多了，只要他倆相愛，他會在家庭與婚姻中求取平衡的。

宛幸意識到兩人之間的鴻溝愈來愈深，儘管自己還是很愛李品，但實在無法忍受他背後緊跟的那個家，所以提出雙方暫時不要見面，彼此冷靜思考兩個月的要求，李品百般不願意，無奈宛幸意志已決，他有如待宰羔羊，忐忑地度過每一天。一個月後，宛幸發了一封很長的e-mail，向李品說再見，因為她決定接受班上男同學的追求，成為男女朋友。

問 題 呈 現

李品在宛幸說暫時不見面時就心裡有數，作了最壞的打算，但事到臨頭，卻很難接受，他跑去她學校等她，看到新男友陪著她；他等在宛幸家門口，出來的竟然是她父母，要他想開些；自己

的父母則認為天涯何處無芳草，他覺得孤單無助，經常光顧以前與宛幸一起吃飯的餐廳獨自用餐，回想往事，在家則將以前兩人互通的電子信件一一打開細讀。

他的手機介面還是放著兩人的親密照，書桌上擺著在陽明山公園的合照，他每天穿著宛幸送他的T-shirt，最糟的是，他每天想著宛幸的笑容、眼淚，以及她現在正在做什麼，是否和男友正在用餐，男友有沒有善待她等等，好朋友看不過去，對著他大吼，想要把他吼醒：

「你知道你的問題在哪裡嗎？不肯面對現實！」

「我的問題是我忘不了她！」李品無力地回答。

分 析 與 輔 導

「阿濱，我一不能接受我的家我只是很捨不得五年，兩人是真心點都沒有怪她，她庭我也沒辦法，她，畢竟交往了相愛過啊！」

「李品，你們根本沒談婚嫁，怎能說宛幸不接受你的家庭？她很難理解你與家人的互動方式，也無法接受你

說結婚後才會在家庭與婚姻中求取平衡的空頭支票。你得先清楚她為什麼離開你，才有辦法將她放下，也可以記取教訓讓下一個戀情順暢。」

「爸爸媽媽要我做事，我當然應該做啊，家人不互相幫忙怎麼能叫作家人呢？我尊重宛幸，她們家人各司所責，她也應該尊重我家的互動方式啊！」李品振振有詞。

「話是這麼說，但你多次爽約及臨陣離去，讓她感到不尊重，難道就無法改善這情形嗎？」

「我也知道宛幸不高興，但我一向都以家裡事為重，何況我每次事後都有賠罪且另找時間約會啊！」

「這不是你對她是否有盡到責任的問題，而是事情有輕重緩急先後之分，父母依賴你慣了，在他們眼中，你永遠是父母教育出來的好孩子，隨傳隨到，他們忘記你已是成人及大學生，應該有自己的空間及私生活。你和宛幸之間的互動對你們關係的發展是非常重要的，雖然你對她柔情關心，但你家庭的陰影讓她看到你的不可改變性，她給過你機會，你執迷不悟，所以她離開你了！」

「是的，她離開我了，唉，要忘記她好難啊！」

「當然沒有那麼快！有一個現實你必須面對，就是宛幸

受不了你當兒子的角色大大地超越了當男友的角色，如果你不想再傷害另一個女孩的心，你就得學習處理你與家庭成員的互動！」

「阿濱，你的意思是說錯在於我囉？」李品有點防衛。

「這不是誰對誰錯的問題，兩人來自不同家庭背景，若差異太大，在談戀愛之時就已經發現不適合在一起，自以為因為愛她所以捨不得她，其實毫無建設性。有可能會造成她的罪惡感及別人對她的誤解，因此如果你真愛她或曾愛過她，就把她自心中釋放，祝福她，並且自己振作起來吧！」阿濱的話句句有力，點醒了李品。

「所以我應該先處理我自己與家庭分化的問題，這樣宛幸的離去才有代價，也會因為看到我改變而欣慰？你說得沒錯，她從未對我不好，這樣的好女孩我沒有福分，我應該祝福她與新男友，人家都已經在一起了，我幹麼還留她在我心中？」李品露出釋然的笑容。

「這就對了嘛，怎麼突然茅塞頓開了呢？」阿濱也鬆了一口氣。

「你我對談果然有幫助，刺激思考，讓我看到許多事情，是我過去沒注意或不以為意的，謝謝你，阿濱。」

結 語

李品寫了一封長電子郵件給宛幸，表達關係無法繼續的遺憾，他表示會珍惜過去這一段情，讓她受苦了，現在起要做的是將自己自家庭中分化出來，人倫固然重要，家庭成員界線也要清楚。他祝福宛幸找到合適交往的對象，也希望得到她的祝福。

信寄出去之後，他才覺得關係真的畫下句點，宛幸從是他朝思暮想的分手女孩成為他真實交往過的前女友。他聽從阿濱的忠告，去諮商中心找諮商師，談自己的家庭，以及過去與宛幸的關係，朝著兼具好兒子與好男友的角色目標前進。

建 議

1. 大學生交男女朋  友是人生發展階
段必然之現象， 父母心裡要有準
備，父母可以要 求孩子要為自己
的行為負責，也不 能因為談戀愛而昏
了頭，功課不顧，家裡不管。

2. 除了私下相處外，讓男女朋友進入彼此的生活中是認識對方
真面目的最好機會。父母有時出面接待，挽留用餐，有時逕
可外出，不必每次都要招呼，更不要急著接納對方為未來的
女婿或媳婦。父母觀察各人以及兩人互動只是為了要提供意
見給子女參考，並非監督、反對或討好，父母不緊不鬆的態
度讓孩子覺得既能自主又被關心，有困難時才會開口求助。

3. 父母應尊重孩子的約會，不可讓他（她）失信於人，若有重
要事當然可以預先改期，且應對孩子說抱歉，子女在家受到
尊重，出外也能對他人尊重。

20. 分手達人

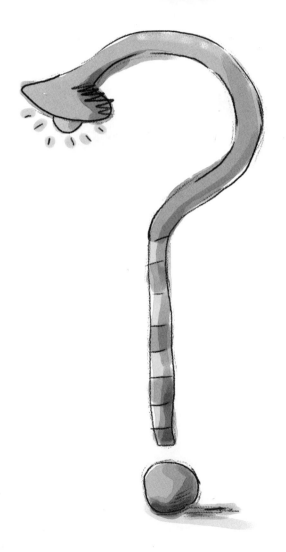

戀 情 轉 折

　　大一新生迎新營火晚會今已近尾聲，大家吃飽喝足，各自散開，聊天、打牌或夜遊等，淑芳看到不遠的樹下，兩個女生在說話，原來是社團的新成員，秀敏好像正在安撫低著頭的宛瑩。她走過去打招呼，才看到宛瑩臉上掛著淚珠。

　　「學姊，不好意思，宛瑩心情不好，我正在勸她。」秀敏主動打招呼。

　　「噢，那你們繼續說好了，我只是過來看看。夜晚天涼，早點進營帳啊！」淑芳不想打擾。

　　「學姊，請問一件事，你有分手的經驗嗎？」宛瑩突然抬起頭問。

　　「哦，分手？當然有啊！你想知道什麼？」淑芳直覺地感覺到宛瑩必然是為情所苦。

　　「宛瑩說我沒有談過戀愛，不了解她的感覺，我又不是沒有感覺的人，勸她不要傷心，她卻是愈說愈難過。」秀敏無可奈何地說。

　　「秀敏好關心你哦，雖然我們都沒有經歷過你的感情關係，從你的言行及表情看來，感情上有了極大的困難，要不要

說說看？」

「考大學前一星期，男友與我分手了，這四個月我都讓我自己忙碌，不去想以前的事，即使放榜後，我也每天看書做筆記，大一的課程才進行一個多月，我把課本都讀過一次。秀敏是我高中同學，也幸好有她的陪伴，拉我進社團，使我免於變成孤魂野鬼。」宛瑩開放自己。

「你以念書來占據心思，也是一種療傷的方法，只是強壓情緒你會快樂嗎？整天讀書你有放鬆嗎？」淑芳問道。

「還好啦，秀敏也是這樣問我，不想就好了，反正秀敏每天帶著我上圖書館、上課、吃飯，就先這樣囉，雖然有時想起來還會痛，一下子就過了。」

「她就是這樣，自以為調適良好，像今天晚上學長在營火堆旁唱的那首英文歌就勾起她所有的情緒，剛才還差點哭起來。」秀敏補充。

「是嗎？聽起來你很害怕任何與過去可能產生連結的人、事、物，當然，才五個多月，並不容易調適，只是你用的方法是事倍功半，讀書必須很認真，專注於書本可以暫時讓感情絕

緣，但是不敢去回想過去及處理情緒則很難跳脫情傷，活出新的自己。」淑芳提醒宛瑩。

「學姊，你講得頭頭是道，你的分手經驗是怎樣？願不願意和我們分享，也可以讓宛瑩作參考。」秀敏要求道。

「你們相信嗎？我有過四次分手的經驗！」淑芳幽幽地說出口。

「那你一定是分手達人了？」秀敏不可置信地說，而宛瑩睜大眼睛盯著淑芳看，問道：「那你怎麼走過來的？」

淑芳笑道：「瞧！你們倆對分手的反應大有不同，秀敏以為分手愈多次，愈不怕分手，而宛瑩你認為分手愈多次必定傷得更重。我的經驗是，每一次的分手都需要調適，國中時不懂事，傷得很重；高中時被父母拆散，卻抱著希望；大一時是真正的初戀，分手時以為是世界末日，卻掙扎求生；大三下發現男友劈腿，我就發誓絕不被情傷打倒。每一次都想盡辦法讓自己盡快走過陰霾，而我都做到了，我期望下一次的戀愛，但也會擔心分手的可能；結婚都會離婚了，何況婚前談戀愛，我還是對人生抱正向，對戀愛有期望，日子總要過，為什麼不讓每天過得開心些自在點呢？」

問題呈現

　　淑芳乾脆坐下來開講分手對情傷者可能產生的影響，由五大層面敘述著：

1. 情緒層面：負向情緒如心痛、心情差、憂鬱、孤單、罪惡感、無安全感、害怕、生氣、怨恨、敵意、拒絕、自卑、自憐、空虛、失落感、無自信心或低自信等。

2. 認知層面：產生入侵思想，不斷的思考分手原因並加以歸類，不知該如何向他人說明分手的事實，想挽回或和好的期待；負向自我概念，無法信任他人，自責、想隨便找個男（女）友及自殺意念等。

3. 行為層面：生活作息改變，出現想挽回的行為、宣洩情緒的行為、善待自己以及回避的行為、精神醫療行為等，甚至還會發生交通事故。

4. 生理層面：最嚴重者會因為心理壓力及悲傷過大而產生生理症狀或疾病，如頭痛、失眠、瀉肚子、體重下降等。

5. 其他心理症狀：導致社交障礙、創傷後壓力症狀等。

　　淑芳還補充：「一般而言，每個人多多少少會有一些影

響，至於影響大小，則與個人人格特質、對關係的認真程度及因應策略等有關」。

分 析 與 輔 導

「學姊，那你的調適方法為何？」兩人異口同聲地問。

「我自行摸索到方向，除了去找輔導老師之外，還把學生諮商中心有關分手的書籍及論文都翻過讀過。在閱讀治療方面，你們可以稱我為分手達人，因為我閱讀之後，選擇適合我的調適方式身體力行，傷痛逐漸痊癒，對自己更有信心，對人生也抱希望。」淑芳看了宛瑩一眼，「不過適合我的方法不見得適合你，你得自己去認識各種調適策略，找出最合適自己的方法才能有效。」

看到宛瑩困惑的表情，淑芳接著說：「我曾在柯淑敏教授的一篇研究中讀到，『埋首工作』或『課業』也是分手後的調適方法，但我認為不能像你這樣一味埋首課業，當然會比『酗酒』或『尋找新戀情』來得有建設性，但是還是多試一些方

法，你的情緒才能轉移或抒發，與外邊的人、事、物連結，生活層面才能更廣，心也就更寬。」

「還有哪些較好的方法呢？」宛瑩認真地問。

「我讀過徐西森教授有關分手後調適的研究，他說調適可分為短期治標及長期治本的策略，且聽我慢慢道來。」淑芳很熱心地說。

短期治標的策略有七點：

1. 訴苦談心法：找同儕或長輩聊天、心理建設、接受最壞的情況。

2. 自我蛻變法：改變打扮、反省失敗原因、放鬆自己、自我成長與學習。

3. 情感昇華法：不鑽牛角尖、找到未來的目標去完成、自由創作、做一些有成就感的事。

4. 生涯規畫法：擴大社交圈及視野、改變生活重心、享受單身樂趣。

5. 社會資源運用法：建立資源及支持系統、建立宗教信仰、與家人培養感情、尋求專業人員的諮商輔導。

6. 刺激隔離法：刻意避開對方、避開容易觸景傷情有共同回憶的人事物、到郊外走走或去旅行。

7. 情緒宣洩法：寫日記、寫信、將心情記錄下來、大哭、搥擲雜物、去海邊吹風、聽情歌等。

長期治本的策略有四點：

1. 時間「充」「淡」法：做些事讓自己忙碌、隨時間淡忘。

2. 社會服務法：擔任服務義工。

3. 目標轉移法：參加社工活動、尋找下一個目標、對自己更好、尋找其他事物滿足自己。

4. 認知改變法：重新肯定自己、放大對方的缺點、將分手合理化、接受事實、習慣現況。

結 語

宛瑩非常佩服淑芳對分手的知識能夠侃侃而談，是經過閱讀後的領悟並融會貫通，還可以向外推廣，尤其學姊還願意談論過去，分享經驗，淑芳的熱情及好意像一股暖流注入宛瑩體內，有如打了一劑強心針，宛瑩整個人都振作起來了。

「學姊，我下星期一要去學生諮商中心借書來看，你覺得我是看完再找輔導老師談，還是看完就不必說了？」

「我的建議是雙管齊下，難道你不希望自己早日脫離苦海，做到良好的調適？」淑芳鼓勵她去作諮商。

　　「謝謝你，學姊！」宛瑩臉上有了笑意。

建　議

1. 閱讀治療是認知行為學派中很有效的一種治療技術。家中有子女面臨失意或分手的困境時，父母建議或陪同去逛書店或上圖書館看書、買書或借書，尤其是有關療傷及勵志文粹等，也是幫助他們的一種方式。

2. 父母自己在閱讀時若看到與分手有關的文章或報紙的藝文副刊，都可影印或剪下來放在孩子的書桌上，既是知識的提供，也是親情的傳達。

附  錄

分手衝擊量表

青少年分手後因應方式量表

青少年分手後心身健康問卷

分手衝擊量表

以下是想了解在分手事件中，

你的想法與感受。

本測驗無所謂對錯，

請依你目前狀況，

針對「最近」的

一次分手經驗作答，

在適當欄位圈選。

	從未如此	有時如此	經常如此	總是如此
1. 分手後我很想念他（她）。	1	2	3	4
2. 對於我們的分手，我感到非常痛苦。	1	2	3	4
3. 分手後我渴望他（她）回來。	1	2	3	4
4. 我沒有辦法接受我們已經分手了。	1	2	3	4
5. 分手使我失去生活的意義與目的。	1	2	3	4
6. 我告訴自己要忘記他（她），但是他（她）的身影卻在腦中徘徊不去。	1	2	3	4
7. 我被和他（她）有關的地方與事物所吸引。	1	2	3	4
8. 分手的打擊令我有如失魂落魄一般。	1	2	3	4
9. 分手後我感到寂寞。	1	2	3	4
10. 我對於分手這件事情感到震驚與茫然。	1	2	3	4
11. 對他（她）的記憶讓我覺得心煩意亂。	1	2	3	4

	從未如此	有時如此	經常如此	總是如此
12. 跟他（她）分手是個錯誤的決定，至今仍深感到後悔與遺憾。	1	2	3	4
13. 我們的關係，至今仍糾纏不清。	1	2	3	4
14. 我會特別回避讓我想起他（她）的東西或場所。	1	2	3	4
15. 分手讓我對自我的價值產生懷疑。	1	2	3	4
16. 我對愛情已經失去基本的安全感。	1	2	3	4
17. 我害怕受傷，不敢輕易投注感情。	1	2	3	4
18. 我覺得內心深處的某一部分情感，好像已經永遠的失去。	1	2	3	4
19. 現在的我不再對愛情那麼的相信。	1	2	3	4
20. 這次分手事件讓我失去往日的自信。	1	2	3	4
21. 我會害怕再也找不到適合的對象。	1	2	3	4
22. 我仍然相信愛情。	1	2	3	4

	從未如此	有時如此	經常如此	總是如此
23. 喜歡一個人的時候，我不再那麼輕易的全心投入。	1	2	3	4
24. 分手所受的傷害，讓我變得很想玩弄感情。	1	2	3	4
25. 我有一股很想傷害對方的衝動。	1	2	3	4
26. 我想要報復，讓他（她）也嘗嘗痛苦的滋味。	1	2	3	4
27. 分手至今，我心裡仍然很怨恨他（她）。	1	2	3	4
28. 我仍然感到強烈的憤怒。	1	2	3	4
29. 我不能得到的愛人，也不願讓別人得到。	1	2	3	4
30. 我有一股很想毀滅一切的衝動。	1	2	3	4
31. 我深深感到對他（她）由愛生恨的感覺。	1	2	3	4
32. 因為愛他（她），所以我尊重他（她）的決定。	1	2	3	4

	從未如此	有時如此	經常如此	總是如此
33. 覺得自己的愛被對方拒絕了，有種強烈被羞辱的感覺。	1	2	3	4
34. 因為這次分手我曾自傷或自殺。	1	2	3	4
35. 因為這次分手我曾對他（她）有身體上的傷害。	1	2	3	4
36. 這次分手對我而言是難以承受的失落與傷害，讓我想要尋死。	1	2	3	4
37. 如果不能挽回，不如同歸於盡。	1	2	3	4
38. 分手後，他（她）的朋友（或同學、家人）都怪我，讓我很有罪惡感。	1	2	3	4
39. 分手後有一些罪惡感，好像他（她）變得不好是我的責任。	1	2	3	4
40. 因為分手我知道我深深的傷害了一個人。	1	2	3	4
41. 我沒有把分手的理由說清楚，反而造成更大的傷害。	1	2	3	4

	從未如此	有時如此	經常如此	總是如此
42. 這次的分手，至今我仍覺得莫名其妙與困惑。	1	2	3	4
43. 我不明瞭分手的真正原因，擔心以後還是會重蹈覆轍。	1	2	3	4
44. 分手後我一直不斷思索為何會分手的真正原因。	1	2	3	4
45. 經歷這次分手，我反而更不了解異性。	1	2	3	4
46. 經歷這次分手，我更不知道如何與異性維持良好關係。	1	2	3	4
47. 經歷這一次分手，我對愛情更迷惑了。	1	2	3	4
48. 分手後我看到別人出雙入對，就感到很不平。	1	2	3	4
49. 分手讓我覺得上天是很不公平的。	1	2	3	4
50. 分手使我無法再相信男人（女人）。	1	2	3	4

問卷來源：
　　李玉珊（2007）。大學生的分手方式、個人特質與分手衝擊之相關研究。國立高雄師範大學輔導與諮商研究所碩士論文。

青少年分手後
因應方式量表

作答說明：

這部分的題目是想了解

你在面對分手的壓力時，

曾經採取過哪些因應的

方式。請你根據半年內

最近一次被動分手

（對方提出分手）經驗中，

你的因應方式為何，

按照真實的情況圈選出

適當的數字。

	從未如此	很少如此	有時如此	經常如此	總是如此
1. 分析問題，設法找出分手原因。	1	2	3	4	5
2. 決定接下來該怎麼做，並確實執行。	1	2	3	4	5
3. 嘗試不同的方法來解決分手問題。	1	2	3	4	5
4. 向其他人求助。	1	2	3	4	5
5. 主動試著去改變現況。	1	2	3	4	5
6. 檢討自己的行為。	1	2	3	4	5
7. 嘗試去維持現況，不讓情況惡化。	1	2	3	4	5
8. 試著從分手過程中尋求意義、教訓，避免下次重蹈覆轍。	1	2	3	4	5
9. 降低標準，退而求其次。	1	2	3	4	5
10. 走一步算一步，順其自然。	1	2	3	4	5
11. 避開使你回想過去的人事物。	1	2	3	4	5
12. 告訴自己「盡人事，聽天命」。	1	2	3	4	5

	從未如此	很少如此	有時如此	經常如此	總是如此
13. 多鼓勵自己，建立信心。	1	2	3	4	5
14. 做運動、聽音樂或逛街紓解情緒。	1	2	3	4	5
15. 寫日記或上網貼文章。	1	2	3	4	5
16. 哭泣。	1	2	3	4	5
17. 告訴自己經歷此事可以使自己成長。	1	2	3	4	5
18. 找出分手事件的正面意義。	1	2	3	4	5
19. 安慰自己這不是最壞的情況。	1	2	3	4	5
20. 想一些開心的事，讓自己心情好些。	1	2	3	4	5
21. 接受無法改變的事實，讓自己釋懷。	1	2	3	4	5
22. 逃避問題不去想它。	1	2	3	4	5
23. 將分手歸咎於自己的運氣差。	1	2	3	4	5
24. 否認分手的事實。	1	2	3	4	5

	從未如此	很少如此	有時如此	經常如此	總是如此
25. 退縮，不參加活動。	1	2	3	4	5
26. 藉由吸菸、喝酒等逃避問題。	1	2	3	4	5
27. 服用藥物（例如安眠藥、鎮定劑）。	1	2	3	4	5
28. 大睡或大吃大喝。	1	2	3	4	5
29. 自暴自棄，怨上天不公平。	1	2	3	4	5
30. 隱藏感受，默默承受難過的感覺。	1	2	3	4	5
31. 藉由進入另一段感情來忘記痛苦。	1	2	3	4	5
32. 和家人傾訴。	1	2	3	4	5
33. 向師長或專業輔導人員傾訴。	1	2	3	4	5
34. 以傷害自己來發洩情緒。	1	2	3	4	5
35. 以摔東西來發洩情緒。	1	2	3	4	5
36. 藉由宗教（祈禱或拜拜）使心情平靜。	1	2	3	4	5

	從未如此	很少如此	有時如此	經常如此	總是如此
37. 獨自冷靜，不希望別人來打擾。	1	2	3	4	5
38. 尋找報章雜誌或相關書籍閱讀。	1	2	3	4	5
39.告訴朋友心裡的感受。	1	2	3	4	5

問卷來源：

　　趙慧敏（2005）。分手後的個人因應、社會支持與心身健康之關連性探討。東吳大學心理研究所諮商組碩士論文。

青少年分手後
心身健康問卷

作答說明：

這部分的題目是想了解

在面對分手事件時，

你的身心健康情形及

其改變狀況。請根據最近

一次的分手經驗中，

你當時的身心狀況為何、

以及你最近一個月的身心

狀況之加重或改善情況

兩大項目，按照真實的

情況圈選出適當的數字。

	分手當時而產生或增加的狀況				分手當時的身心狀況在最近一個月的改變情形				
	非常不同意	有時同意	同意	非常同意	從未如此	很少如此	有時如此	經常如此	總是如此
1. 我覺得身體狀況不好。	1	2	3	4	1	2	3	4	5
2. 覺得自己沒精打采。	1	2	3	4	1	2	3	4	5
3. 胸口悶悶的或有壓迫感。	1	2	3	4	1	2	3	4	5
4. 經常頭痛。	1	2	3	4	1	2	3	4	5
5. 覺得手腳發抖或發麻。	1	2	3	4	1	2	3	4	5
6. 突然的發冷或發熱（與天氣無關）。	1	2	3	4	1	2	3	4	5
7. 因過度煩惱而無法睡眠。	1	2	3	4	1	2	3	4	5
8. 很難進入熟睡狀態。	1	2	3	4	1	2	3	4	5

	分手當時而產生或增加的狀況				分手當時的身心狀況在最近一個月的改變情形				
	非常不同意	有時同意	同意	非常同意	從未如此	很少如此	有時如此	經常如此	總是如此
9. 覺得自己不斷處在壓力中。	1	2	3	4	1	2	3	4	5
10. 覺得不耐煩且易發脾氣。	1	2	3	4	1	2	3	4	5
11. 沒有任何理由而徒然害怕恐懼。	1	2	3	4	1	2	3	4	5
12. 常為瑣事煩心。	1	2	3	4	1	2	3	4	5
13. 感到緊張不已。	1	2	3	4	1	2	3	4	5
14. 覺得和家人、朋友處不來。	1	2	3	4	1	2	3	4	5
15. 對自己失去信心。	1	2	3	4	1	2	3	4	5
16. 出門的情況（次數）和平常一樣多。	1	2	3	4	1	2	3	4	5

	分手當時而產生 或增加的狀況				分手當時的身心 狀況在最近一個 月的改變情形				
	非 常 不 同 意	有 時 同 意	同 意	非 常 同 意	從 未 如 此	很 少 如 此	有 時 如 此	經 常 如 此	總 是 如 此
17. 覺得自己很難溫暖親 切的對待他人。	1	2	3	4	1	2	3	4	5
18. 覺得自己是家人或朋 友的累贅。	1	2	3	4	1	2	3	4	5
19. 覺得自己不喜歡日常 活動。	1	2	3	4	1	2	3	4	5
20. 覺得自己無法作決 定。	1	2	3	4	1	2	3	4	5
21. 覺得生活毫無希望。	1	2	3	4	1	2	3	4	5
22. 覺得記憶力減退，常 忘東忘西。	1	2	3	4	1	2	3	4	5
23. 覺得自己的存在沒有 價值。	1	2	3	4	1	2	3	4	5

	分手當時而產生 或增加的狀況				分手當時的身心 狀況在最近一個 月的改變情形				
	非 常 不 同 意	有 時 同 意	同 意	非 常 同 意	從 未 如 此	很 少 如 此	有 時 如 此	經 常 如 此	總 是 如 此
24. 覺得別人調適分手的 能力比自己好。	1	2	3	4	1	2	3	4	5
25. 有想自殺或傷害、放 棄自己的傾向。	1	2	3	4	1	2	3	4	5
26. 因分手而經常哭泣。	1	2	3	4	1	2	3	4	5
27. 覺得自己心情不好而 無法做事情。	1	2	3	4	1	2	3	4	5
28. 想到分手的事會情緒 起伏不穩。	1	2	3	4	1	2	3	4	5
29. 腦中經常浮現兩人交 往的景象。	1	2	3	4	1	2	3	4	5
30. 即使自己不願意也會 經常想起對方。	1	2	3	4	1	2	3	4	5

	分手當時而產生或增加的狀況				分手當時的身心狀況在最近一個月的改變情形				
	非常不同意	有時同意	同意	非常同意	從未如此	很少如此	有時如此	經常如此	總是如此
31. 其他事情也會讓你想起分手的事。	1	2	3	4	1	2	3	4	5
32. 任何回憶的事物會讓你想起分手的感覺。	1	2	3	4	1	2	3	4	5
33. 嘗試想忘掉分手的事情。	1	2	3	4	1	2	3	4	5
34. 當想起分手時會想辦法讓自己不心煩。	1	2	3	4	1	2	3	4	5
35. 沒發現自己對分手的過程仍有許多感受。	1	2	3	4	1	2	3	4	5
36. 嘗試不讓自己想起分手的事。	1	2	3	4	1	2	3	4	5
37. 回避有兩人交往回憶的事物或情景。	1	2	3	4	1	2	3	4	5

	分手當時而產生 或增加的狀況				分手當時的身心 狀況在最近一個 月的改變情形				
	非常不同意	有時同意	同意	非常同意	從未如此	很少如此	有時如此	經常如此	總是如此
38. 有想殺害或傷害他人的傾向。	1	2	3	4	1	2	3	4	5
39. 因為容易分心而增加交通上的危險性。	1	2	3	4	1	2	3	4	5
40. 因為分手而需就醫（心理、精神科）。	1	2	3	4	1	2	3	4	5
41. 須靠藥物、酒精穩定情緒或幫助睡眠。	1	2	3	4	1	2	3	4	5
42. 因為分手而使學校學習退步。	1	2	3	4	1	2	3	4	5
43. 因為分手而不想或不去上課。	1	2	3	4	1	2	3	4	5

問卷來源：

趙慧敏（2005）。分手後的個人因應、社會支持與心身健康之關連性探討。東吳大學心理研究所諮商組碩士論文。

國家圖書館出版品預行編目資料

父母如何與子女談情說理／林蕙瑛著；林俐圖.
　--初版. --台北市： 幼獅，2007.11
　　面　　公分. --（新High親子手記；13）

　ISBN 978-957-574-682-7（平裝）
　1. 親職教育　　2. 兩性關係

　528.21　　　　　　　　　　96017204

新 *High* 親子手記

父母如何與子女談情說理 · 954201

作　　　者	林蕙瑛
繪　　　者	林　俐
編　　　輯	周雅娣
美術編輯	裴蕙蓁
發 行 人	李鍾桂
總 編 輯	孫小英

出 版 者	幼獅文化事業股份有限公司
總 公 司	10045 台北市重慶南路1段66-1號3樓
電　　　話	(02)2311-2836
傳　　　真	(02)2311-5368
郵政劃撥	00033368

門市：幼獅文化廣場
●台北衡陽店：（10045）台北市衡陽路6號
　電話：(02)2382-2406　傳真：(02)2311-8522
●松江展示中心：（10422）台北市松江路219號
　電話：(02)2502-5858轉734　傳真：(02)2503-6601
●苗栗育達店：（36143）苗栗縣造橋鄉談文村學府路168號（育達商業技術學院內）
　電話：(037)652-191　傳真：(037)652-251

印　　　刷	= 崇寶彩藝印刷股份有限公司
初　　　版	= 2007.11
定　　　價	= 250元
港　　　幣	= 83元

幼獅樂讀網　http://www.youth.com.tw
e-mail：customer@youth.com.tw

幼獅文化公司 ／讀者服務卡／

感謝您購買幼獅公司出版的好書！

為提升服務品質與出版更優質的圖書，敬請撥冗填寫後(免貼郵票)擲寄本公司，或傳真(傳真電話02-23115368)，我們將參考您的意見、分享您的觀點，出版更多的好書。並不定期提供您相關書訊、活動、特惠專案等。謝謝！

基本資料

姓名：＿＿＿＿＿＿＿＿＿＿＿＿ 先生／小姐

婚姻狀況：□已婚 □未婚　職業：□學生 □公教 □上班族 □家管 □其他

出生：民國＿＿＿年＿＿＿月＿＿＿日

電話：(公)＿＿＿＿＿＿＿＿(宅)＿＿＿＿＿＿＿＿(手機)＿＿＿＿＿＿＿

e-mail：＿＿＿＿＿＿＿＿＿＿＿＿＿＿＿＿＿

聯絡地址：＿＿＿＿＿＿＿＿＿＿＿＿＿＿＿＿＿

1. 您所購買的書名：　　**父母如何與子女談情說理**

2. 您通常以何種方式購書？：□1.書店買書 □2.網路購書 □3.傳真訂購 □4.郵局劃撥
   (可複選)　　□5.幼獅門市 □6.團體訂購 □7.其他

3. 您是否曾買過幼獅其他出版品：□是，□1.圖書 □2.幼獅文藝 □3.幼獅少年
   　　　　　　□否

4. 您從何處得知本書訊息：□1師長介紹 □2.朋友介紹 □3.幼獅少年雜誌
   (可複選)　□4.幼獅文藝雜誌 □5.報章雜誌書評介紹＿＿＿＿＿＿報
   　□6.DM傳單、海報 □7.書店 □8.廣播(　　　)
   　□9.電子報、edm □10.其他

5. 您喜歡本書的原因：□1.作者 □2.書名 □3.內容 □4.封面設計 □5.其他

6. 您不喜歡本書的原因：□1.作者 □2.書名 □3.內容 □4.封面設計 □5.其他

7. 您希望得知的出版訊息：□1.青少年讀物 □2.兒童讀物 □3.親子叢書
   　　　　□4.教師充電系列 □5.其他

8. 您覺得本書的價格：□1.偏高 □2.合理 □3.偏低

9. 讀完本書後您覺得：□1.很有收穫 □2.有收穫 □3.收穫不多 □4.沒收穫

10. 敬請推薦親友，共同加入我們的閱讀計畫，我們將適時寄送相關書訊，以豐富書香與心靈的空間：

    (1)姓名＿＿＿＿＿ e-mail＿＿＿＿＿ 電話＿＿＿＿＿
    (2)姓名＿＿＿＿＿ e-mail＿＿＿＿＿ 電話＿＿＿＿＿
    (3)姓名＿＿＿＿＿ e-mail＿＿＿＿＿ 電話＿＿＿＿＿

11. 您對本書或本公司的建議：

10045 台北市重慶南路一段 66-1 號 3 樓

幼獅文化事業股份有限公司 收

- -

請沿虛線對折寄回

客服專線：02-23112836 分機 208　傳真：02-23115368
e - m a i l：customer@youth.com.tw
幼獅樂讀網 http：// www.youth.com.tw